교육학과
비서행정

교육학과 비서행정

한만봉 著

한국학술정보[주]

　　이 책은 일반인, 학부모, 대학생 모두에게 알아야 할 비서행정에 대해서 알기 쉽게 다루었다. 주지하다시피 시중에는 수십 종의 책들이 즐비하게 출판되었다. 그러나 대부분의 책들은 교육학 연구자는 교육학 분야만을, 비서행정 분야면 비서행정만을 연구하였고, 이 둘을 아우르는 즉 교육학적인 측면에서 비서행정에 대한 구체적인 이론을 다룬 책이 없었다. 이에 교육학에 근거한 비서행정을 저술하게 되었다. 오늘날의 비서행정은 행정학, 경영학, 교육학, 관리학, 정보학 등 전반적인 분야에서 연구되는 파트이다. 경영적 측면에서는 시간관리와 운영 면에서, 행정학 측면에서는 관리와 지도, 통치의 보조자의 역할로서 이루어지고, 교육학 측면에서는 인성을 겸비한 조력자, 전문가로 이루어진다. 즉 업무의 원활한 수행을 위해 비서행정은 필요한 것이다. 유능한 사람은 전문비서를 잘 활용할 것이며, 훌륭한 정치인은 보조자의 역할과 참모 역할을 하는 비서를 능력 있는 사람으로 둘 것이다. 과거에는 단순하게 보조자의 역할만을 처리하였으나 현재는 유능하면서도 다른 사람들과의 조화를 이루는 중책으로 변해가고 있다. 이 책에서는 전공 용어를 들어가며 이러한 중요도가 있는 비서를 교육과 행정적인 측면에서 설명하고자 하였다. 때문에 다양한 이론들을 주장하게 되었고 다른 학자 또는 다른 저자들의 새로운 이론들을 적용하거나 이용하기도 하였다. 이 책은 행정학, 경영학, 심리학, 정보학, 교육학, 사무관리를 두루 넘나드는 포괄적인 책으로 엮었다. 한마디로 희망의 교육학, 희망의 행정학이라고 할 수 있다. 비전과 꿈과 소망을 심어주며 학문만으로서의 책이 아니라 현장, 현실적용의 살아있는 책인 것이다. 이 책을 통하여 미래사회를 지도할 훌륭한 비서행정가 일꾼들이 많이 교육되어지길 바란다. 다만 내용을 개괄적으로 다루다 보니 각 학문에서 필히 다루어야 할 부분들을 누락시킨 부분들이 없진 않다. 내용 및 전개상 여러 부분들을 국내외 학계, 전문가의 이야기들을 요약 발췌한 부분이 있다. 그러나 독창적인 아이디어로 예화, 적용을 통해 재미있게 접근함은 필자의 독창성임을 밝혀둔다. 끝으로 이 책이 출판되기까지 물심양면으로 도움을 주신 분들께 감사를 표한다. 특히 세밀하게 출판관계의 모든 면을 챙겨주신 한국학술정보 모든 분들께 감사를 표한다. 그리고 여러모로 도움을 주신 선생님들에게 감사를 드린다. 교육, 행정, 경영, 정보, 사무관리, 정치, 경제, 문화, 산업, 다방면에서 두루 읽히고 사용되고 영향을 주는 길잡이 역할을 하는 책이 되길 바란다. 즉 다원적인 국민교육 책으로서의 역할이 되길 바란다.

2007년 8월
저자 씀

제1장 교육학과 비서행정의 연관성

현대교육은 움직이고 있다. 움직임이 너무 빨라 발작적으로 되어 가고 있다. 교육정책도 단순하게 교육을 받을 권리인 학생들을 가르치는 것에서 더 크게는 국가정치와의 관계, 문화와의 관계, 사회와의 관계까지 두루 영향을 주는, 그리고 눈치를 보는 정책으로 변해 가고 있다.

국가의 눈치를 보고, 학교의 눈치를 보고, 학부모의 눈치를 보고, 학생의 눈치를 보는 정책으로 끊임없이 발작적으로 변해 가고 있다. 교육자 또한 모두의 눈치를 보고 있다. 학교 재단의 눈치, 학교장의 눈치, 학부모의 눈치, 교육청의 눈치, 지역여론의 눈치, 기업체의 눈치, 학생의 눈치를 보고 있다. 이에 교육이 교육다운 교육이 되지 않고 있다. 때로는 학교가 문제라고 질타되고, 국가정책의 문제라고 매도되기도 하고, 신세대들의 문제라고도 하며, 지나친 학부모의 문제라고도 한다.

교육에 대한 정의는 시대와 사람에 따라 매우 다양하게 제시되어 왔다. 그러면 누구의 편을 들어 교육을 하여야 할까. 교육은 변화이다. 어디로 변해야 할까.

교육에 있어서 중요한 것은 교육이 실천적인 활동이라는 것이다. 실천적인 학문에서 그것을 잘 수행하고 익힌 사람들이 조직에 있어 참모 역할을 제대로 수행할 수 있는 것이다.

이 세상에 단번에 높은 자리에 오르는 사람은 그리 많지 않다. 천리 길도 한걸음부터, 63빌딩도 1층부터 올라가야 하는 원리가 있듯이, 낮은 자리에서 수행하고, 훈련하고, 경험한 사람들이 높은 자리에 오르는 것이다. 성경에 보면 크고자 하는 자는 낮아지라는 말이 있듯이 낮아지지 않고서는 커지지 않으며, 높아지기 위해서는 아래 단계를 거쳐야 제대로 된 지도자가 되는 것이다.

많은 사람들은 느닷없이 출세를 하기를 원하고, 단번에 몇 계단을 뛰어넘어 높은 자리에 올라가기를 바란다. 그러다 보니 중간 단계를 거치지 않고 경험하지 않았기에 아랫사람들을 다룰 줄 모르고, 통치력과 지도력, 리더십의 적용에 실패하게 되는 것이다.

이에 교육학에 근거한 비서를 살펴봄으로써 진정한 조력자가 어떤 사람이어야 하며, 진정한 행정가가 누구여야 하는지를 찾아나가게 된 것이다.

교육학에 포인트를 두고 있지만 본론부터의 내용은 주로 조력자인 비서의 품성, 자질, 능력을 다루도록 하겠다. 즉 암묵적인 교육적 관점을 두도록 하겠다.

1. 비서의 기본자세와 역할

1) 비서의 정의와 종류

(1) 사전적 정의

① **국어대사전**

㉠ 장관, 국회의원, 사장 등에 직속되어 기밀문서와 용무를 맡아보는 직무

㉡ 요직의 사람에 직속하여 기밀문서나 사무를 맡아보는 사람 또는 그 직책

② 웹스터 사전

㉠ 어떤 조직이나 개인을 위하여 기록을 보관, 관리하며 통신문의 취급 및 사무를 수행하기 위해 고용된 사람

㉡ 위 업무를 담당하는 공무원

㉢ 정부기관의 부서를 책임지는 관리, 일부 사무근무 비서뿐만 아니라 정부 부서의 장까지도 포함

③ 옥스포드 사전

비서란 상사를 보좌하기 위해 고용된 사람으로 통신 업무를 담당하고 사무를 수행하는 데 필요한 자료를 수집하여 정보를 제공하며 기밀에 관한 문제를 취급한다. 또한 사회나 회사 또는 이익단체에 의해 지명된 관리로서 이들의 사무를 처리하고 통신을 담당하며 유지하는 일을 한다.

(2) 일반적 정의

① 미국전문비서협회

비서는 숙달된 사무기술을 보유하고, 직접적인 감독 없이도 책임을 맡는 능력을 발휘하며, 창의력과 판단력으로 주어진 관리 내에서 의사결정을 내리는 간부급의 보좌인이다.

② 일반적 정의

경영자 또는 관리자가 그들 본연의 업무에 전념할 수 있도록 보좌하는 사람이다.

(3) 전문분야에 따른 분류

① 기업비서: 대, 중, 소기업에서 근무하는 일반비서를 지칭(경제, 경영, 인사에 대한 지식과 사무기술을 필요)

② 공공기관비서: 관공서나 공공기관의 책임자를 보좌(행정업무에 관한 지식이 요구)

③ 교육연구비서: 학교 행정업무 책임자를 보좌하거나 학교부설연구소에서 근무하며, 특히 미국과 같이 교육기관의 운영에 있어 교육과 행정이 분리된 곳에서는 이 분야의 비서들의 숫자가 많다.

④ 의료비서: 종합병원이나 병원부설연구소, 개인의 사무실에서 근무(의학용어와 보험용어나 규정 등을 잘 알아야 한다. 우리나라도 전문경영인이 병원관리를 하는 경우가 늘어남에 따라 이 분야의 비서도 전문화되어가는 추세이다).

⑤ 법률비서: 개인법률사무소나 합동변호사사무실에서 법률에 관련된 문서를 처리하고 소송문의, 의뢰인 대응을 하는 비서를 말한다. 특히 다국적 기업의 한국 진출이 늘어나는 요즘에는 이러한 기업들을 위해 서비스하는 법률사무소가 늘어나므로 비서도 영어, 일어 등 여러 개의 외국어를 할 수 있는 비서를 선호한다.

⑥ 회계비서: 개인 혹은 합동 회계사사무실에서 근무(회계학 지식과 뛰어난 숫자입력기술 및 컴퓨터를 사용한 업무처리능력이 요구되며 기업의 국제화 추세와 외국기업의 국내 진출로 인하여 영어로 회계보고서를 작성하는 경우가 늘어나므로 회계학 용어와 개념을 영어로 익혀두는 것이 필요하다.)

⑦ 종교비서: 종교 지도자의 대외활동을 위한 보좌와 종교단체의 행정직, 금전적인 업무들을 처리하며 신자들에 관한 자료를 보관한다(원만한 인간관계가 특히 요구된다).

⑧ 정치가 비서: 국회의원, 지방의회의원 사무실에서 근무(뛰어난 기획능력과 정보수집능력이 요구되며 워드프로세서와 국문속기술을 익혀 각종 회의록을 작성할 수 있어야 하며 유권자들에 대한 정보관리기술도 필요하다.)

(4) 업무내용이나 서열에 따른 분류

① 안내비서: 주로 손님 왕래가 많은 장소에서 방문객들을 안내하며, 전화연락 업무와 같은 간단한 비서업무도 함께 수행한다.

② 서기비서: 총무부 등 그 부서의 업무도 수행하면서 비서업무를 하는 경우이다. 규모가 작은 사무실에서나 부원이 적은 곳에서 업무직원과 비서가 동시에 필요할 때 주로 채용한다.

③ 행정업무지원비서: 비서업무를 전문화시켜 최고경영자를 보좌하는 스태프적인 기능만 수행한다(타이밍, 워드프로세싱 업무와 같은 문서처리에 관련된 업무는 하지 않는다).

④ 문서사무비서: 워드프로세싱 센터에서 컴퓨터나 전용 워드프로세서를 사용하여 문서처리업무를 주로 수행한다.

⑤ 수석비서: 이는 승진서열에 따라 구미에서 분류한 경우이다. 우리나라 대기업체에서는 비서, 비서과장, 비서실장 등이 있기는 하나 여자비서의 경우는 다른 점이 있다.

(5) 소속형태에 따른 분류

① 팀 소속 비서: 조직계통상 비서과(실)에 소속된 비서이다. 비서과장이나 실장의 지휘와 통제를 받는다.

② 개인비서: 최고관리자, 중역 등 특정인 한 사람에게 소속된 비서이다. 소속된 상사 개인으로부터 직접 명령을 받아 일한다.

③ 복수형 비서: 둘 이상의 중역이나 상사에게 소속된 비서이다. 여러 명의 상사로부터 지시를 받는다.

④ 부서 소속 비서: 영업부, 총무부, 연구부 혹은 프로젝트 팀 전체에 소속된 비서이다. 소속부원 전체를 보좌하므로 통상적인 비서와는 다르다.

⑤ 업무비서: 비서의 업무와 다른 고유한 업무를 병행하는 비서이다. 영업소나 출장소의 경우, 소장의 비서가 경리사원을 겸한다. 이 경우가 업무비서이다.

⑥ 임시비서: 본래의 비서가 휴가 혹은 결근일 때, 타 부서로부터 파견 나와서 비서업무를 수행하는 비서이다.

2) 업무의 성격적 특성

비서의 업무는 정적이고, 정형적이기보다는 비정형적이다. 비서는 일상적인 사무처리를 하다가도 돌발적인 업무처리에 대처하기도 하고 지시에 의해서 업무를 처리하지만 때로는 자기 판단에 의한 창의적인 노력을 필요로 할 때도 있다.

비서의 업무를 기능적인 측면과 작업적인 측면으로 나누어 보면 업무의 특징을 확연히 알 수 있다.

(1) 기능적인 측면

비서는 상사와 직원을 포함한 여러 관계자들의 중계점에 서서 양자를 유기적으로 이어주는 입장에 서 있다. 이러한 중계한다는 의미의 주체는 '지시를 받아 보고를 한다.', '연락을 조정한다.', '준비를 하고 뒤처리를 한다.'이다.

여기서 한 가지 간과할 수 없는 점은 이러한 모든 업무를 원활히 하기 위해서는 그만큼 정보량이 많아야 한다는 점이다. 업무의 연계가 매끄럽다는 것은 정보를 효율적으로 이용했다는 것이다.

따라서 비서업무를 합리적으로 효율적으로 진행시킬 수 있다는 것은 상사는 물론 상사와 관계를 맺은 사람들이 필요로 하는 정보를 적절한 형태로 전달하여 처리되는 기능적 구조를 만들 때 가능한 것이라 할 수 있다.

(2) 작업적인 측면

작업 면에서 본 비서의 업무는 크게 뇌의 활동을 중심으로 하는 움직임과, 신체의 활동을 필요로 하는 움직임으로 나눌 수 있다.

요컨대 뇌의 활동을 중심으로 하는 움직임에는 읽기, 듣기, 말하기, 전달하기, 쓰기, 생각하기, 익히기 등이 있고, 신체의 활동을 필요로 하는 움직임에는 다루기, 만들기, 정돈하기, 모으기, 조사하기, 접하기 등이 있다.

3) 비서의 수칙

(1) 전문직업으로서의 비서직을 충실히 이행한다.

(2) 회사의 목표, 정책, 회사의 생산품에 대한 지식과 이해를 높임으로 효과적인 업무수행을 하도록 노력한다.

(3) 보상에 정당한 업무를 이행한다.

(4) 항상 회사를 대표하는 마음을 가짐으로 회사에 보탬이 되도록 노력한다. 특히 방문객을 맞을 때나 전화응대를 할 때 회사의 이미지를 높이도록 노력한다.

(5) 지시를 받을 때에는 불합리성, 예외적인 사항이나 변칙 등이 없는지에 항상 유의한다.

(6) 내게 부과된 책임이나 활동에 대해서 책임을 지고 수행한다.

(7) 항상 상사의 요구사항－마감기일, 자료 등－을 예견함으로 사전에 준비한다.

(8) 상사와 회사의 이익을 증진시킴으로 자신의 이익을 도모할 수 있다는 생각과 함께 상사와 효과적인 팀웍을 이루어 나갈 수 있도록 노력한다.

(9) 기밀을 철저하게 지킴으로 신뢰관계를 형성한다.

(10) 상대방의 말을 경청하며 상사에 관련되는 정보에 유의한다. 회사와 상사 그리고 나 자신의 이익은 동일선 상에서 도모되는 것을 인식하고 상사를 위해서, 그리고 상사와 더불어 효과적인 팀워크를 이루도록 힘쓴다.

(11) 약속을 충실히 이행함으로 동료들과의 신뢰관계를 형성한다.

(12) 타인의 인격에 대하여 비난하거나 언급하지 않는다.

(13) 동료들에게 항상 친절하며 명랑하게 대한다.

(14) 한 인간으로 행복하기 위해서 자신의 행복을 증진시키며 적응력을 향상시키기 위하여 가정과 직장 그리고 여가생활을 균형 있게 유지한다.

(15) 협동심, 침착성, 활발하고 적극적인 업무의욕 등을 계속 키움으로 성공적인 전문직업여성으로서의 자질을 함양한다.

(16) 전문직업으로 뿐만 아니라 하나의 성숙한 개인으로 성장함으로 타인들에게는 같이 일하고 싶은 동료가 되도록 노력한다.

(17) 생각을 표현할 때는 차분하고 논리적이며, 준비된 태도로 이야기한다.

(18) 상사의 요구, 업무처리방식, 성격 등을 이해하고 이에 맞춘다.

(19) 지시를 받을 때는 첫 번에 정확히 확인함으로 두, 세 번 묻는 일이 없도록 한다.

(20) 업무를 계획하고 계획대로 추진한다.

2. 비서의 직업윤리

1) 정 직

정직은 인간에게 기본적으로 요구되는 규범이다. 회사의 규칙과 정책을 준수하며 불의한 행동, 즉 뇌물수수, 거짓진술, 회사 비품의 개인적인 사용 등을 하지 않으며, 정당하게 일을 하고 그에 대한 보상으로 임금을 받는 투철한 직업 정신이 필요하다.

전화할 일이 있으면 점심시간이나 쉬는 시간에 건물 내 공중전화를 이용함으로써 근무시간에 충실하며 회사 사무비용을 낭비하지 않는 태도가 필요하다. 또한 출퇴근시간과 근무시간을 엄격히 지키는 것도 중요하다. 최고경영층들은 회의, 출장 등으로 자리를 비우는 경우가 많다. 상사가 없을 때일수록 비서는 자리를 비우지 않음으로써 급한 연락사항을 대비한다.

2) 신뢰감

상사가 비서를 믿고 일을 맡기기 위해서는 신뢰적인 관계가 먼저 형성되어야 한다. 신뢰는 하루아침에 얻어지는 것이 아니라 일정 기간 동안의 직무관계를 통해 쌓아 나가야 한다. 상사가 비서에게 상사의 일정에 관하여 이야기하지 않거나 비밀서류를 맡기지 못한다면 그것은 비서를 신뢰하지 못한다는 신호이다. 비서는 신뢰받을 수 있는 행동과 정확한 업무처리를 통하여 신뢰를 쌓아 나가야 한다. 꾸준히 그리고 모든 업무처리에 있어서 상사의 신임을 얻을 수 있도록 최선을 다하고 행동하는 것이 필요하다.

3) 비밀엄수

문서관리를 철저히 한다. 업무 중 책상에 놓인 서류도 잠시 자리를 비울 때는 안 보이는 곳에 보관하고 서류함이나 기타 자료들은 퇴근 시 꼭 잠그도록 한다. 컴퓨터 사용 시 중요한 서류에는 암호를 사용하며 컴퓨터 화면은 통로에서 보이지 않도록 한다.

아직 공표되지 않은 사항은 회사 내의 친한 사람에게라도 미리 누설하지 않도록 한다.

전화 통화 시, 혹은 방문객 대응 시에는 답변할 때 주의해서 하도록 한다. 예를 들면 '출장 중'이라고 답변하면 충분한 것을, 부주의로 '포항에 출장 가셨다.' 라고 대답할 경우 상대가 경쟁 회사일 경우 상대방은 이 한마디로 여러 사항을 유추할 수 있다.

회사명이 찍힌 서류봉투를 회사 바깥으로 가지고 나가지 않도록 한다. 자신도 모르게 경쟁사로부터 정보 수집을 위한 대상으로 선택될 수 있다.

4) 충성심

충성심은 상사에게 무조건 복종하는 것이라기보다는 자신의 임무를 최선의 결과를 위해, 최선을 다해 그리고 열심히 하는 것이라고 할 수 있다. 또한 업무처리에 있어 상사의 지위와 입장을 고려하며, 상사의 편에 서서 자신을 앞세우기보다는 상사가 돋보이도록 앞세우는 태도를 의미한다.

상사에 대한 충성심뿐만 아니라 회사에 대한 애사심이나 조직에 대한 관심도 포함한다. 자사에서 생산되는 상품에 대한 지식을 넓히고 회사에 대한 긍지를 가지며 회사의 생산성에 항상 관심을 기울여서 보다 능률적으로 업무를 처리할 수 있어야 한다.

비서는 고객에 대한 불만 및 불편 사항에 대한 처리를 하는 등 사회구성원과의 관계를 유지하며, 기업 이미지 제고에 주력하고, 과거의 비서업무가 상사로 하여금 본연의 업무를 효율적으로 수행할 수 있도록 보좌하는 것이었다면 현재의 비서의 역할은 상사를 비롯한 조직 내의 다른 사람들이 업무를 원활하게 수행할 수 있도록 전반적인 관리업무를 관장하는 전문가(office professional)의 역할이다.

오늘날 비서의 역할은 경영관리 측면에서 조직의 운영관리에 관하여 깊이 있는 지식과 실제 관리 능력이 필요하며, 오늘날의 비서는 목표 지향적 관리자(goal-oriented manager)여야 한다. 또한 오늘날의 비서에게는 조직 전체가 효율적으로 운용될 수 있는 윤활유와 같은 사무행정 전문가로서의 역할을 요구하므로 관리적 능력을 계속 개발하여 조직의 일원으로 더욱 중요한 업무를 수행해 나가야 할 것이다.

비서라는 직업이 서류나 차만 들고 왔다 갔다 하는 단순 업무를 수행하던 시대는 이미 지나갔다. 현대 사회에서 비서는 단순 업무 보조가 아닌 의사 결정자에게 참된 조언과 보좌를 할 수 있는 참모의 역할까지 갖는다. 따라서 제대로 된 참모의 역할을 수행하려면 업무와 관련된 전문성이 요구되는 것은 당연한 일이고 그 전문성에 따라 비서의 종류도 다음과 같은 세분화가 가능하다.

기업 조직에서 경영자를 보좌하는 기업비서를 비롯해, 관공서나 공공기관의 책임자를 보좌하는 공공기관비서, 교육기관이나 연구기관의 행정책임자를 보좌하는 교육기관비서, 종합병원이나 병원부설연구소 등의 의료비서, 개인법률사무소나 합동변호사사무실의 법률비서, 공인회계사나 세무사 사무실에서 근무하는 회계비서, 종교 지도자를 보좌하는 종교기관비서, 국회의원이나 지방의회의원 사무실에서 근무하는 정치기관비서 등으로 분류할 수 있다.

특히 이 중에서 앞으로의 수요가 급증할 전문분야는 법률비서직이다. 법률비서는 소송에 관련된 업무를 비롯해, 의뢰인 접대, 판례 조사, 법원과의 연락 등 전문성이 강한 일을 하기 때문에 법률용어나 소송, 변호에 관한 사항 등 법률에 관한 광범위한 지식이 요구된다.

비서학에서는 기본적 사무능력을 배양할 수 있는 과목과 함께 실무 위주의 교과목이 개설되어 있다. 구체적으로는 컴퓨터전자출판, 워드프로세싱, OA이론과 실제, 속기 이론과 연습, 고급속기, 사무영어, 비서영어연습, 영어문서 작성론, 비서학, 사무와 경영, 사무관리론, 인간관계론, 조직과 스텝, 국제사무관리를 비롯해 실용문장론, 비서실무론, 비서회계, 고급비서실무론, 문서관리론, 비서학 연습 등이 있다. 더불어 사회 전문적 지식을 위한 경영학, 경제학, 국제정세론 등의 과목도 배우게 된다.

앞서 언급한 것처럼 점차적으로 비서의 지위가 높아지고 전문화되어 가고 있지만, 아직도 고정관념을 버리지 못하는 사람 혹은 기업이 많다. 비서직에 대한 인식이 아직도 '보좌'에만 머물러 있는 상사와 비서직의 대부분의 업무가 상사의 스케줄 관리나 자료 조사, 상사의 손과 발이 되어야 하는 수행원 차원에 머물러 있는 기업도 많다. 이러한 사회적 인식은 시대의 흐름에 따라 변해가겠지만 인식의 변화에 가속을 붙이는 일은 비서학 전공자들 개개인의 노력이 절실히 필요하다.

따라서 비서학을 전공하려는 사람 또는 비서직에 대해 관심이 있는 사람이라면 우선 자기 자신부터 비서직에 대한 확고한 신념과 목적의식을 가져야 한다. 진로를 확실히 정해, 그 분야의 전문지식을 누구보다 잘 알고 있는 것이 중요하며 더불어 한 가지는 뚜렷이 잘하는 것이 있어야 한다.

비서직은 상사와 바로 직결된 업무를 주로 하기 때문에, 어느 분야에서 두각을 나타내면 다른 어떤 사원들보다 쉽게 상사의 신임을 받을 수 있는 장점이 있기 때문이다. 또한 외국어는 필수이다. 대부분 업체에서 외국어 실력을 비서 채용의 판단 기준으로 세워 놓고 있기 때문에, 어느 전공보다 외국어 공부가 중요하다. 그래서 비서학 전공 학생들은 교과 과정의 수업 이외에도 대부분이 일본어나 영어 자격증 시험을 보기 위해 외국어 학원에서 개별적인 공부도 병행한다.

원만한 대인관계와 사무관리에 필요한 자질과 교양, 능력을 키울 준비가 되어 있다면 비서학 전공에 관심을 가져볼 만할 것이다.
비서는 기관장이나 상사 그리고 각 부서 간의 업무조정 협조는 물론 상사의 공·사 간 업무를 조직적이며 효율적으로 수행할 수 있도록 계획성 있는 사무관리를 해야 하고 상사의 일거수일투족을 파악하고 예견하며 상사의 부족한 면, 놓치기 쉬운 면을 미리 확인하여 준비하고 또 사후 처리하는 다방면의 기능을 가지고 있다.

지금부터 비서의 기본자세와 역할에는 무엇이 있는지 설명하고자 한다.

비서의 종류에는 수행비서, 행정비서, 의전비서, 개인비서, 기업비서 등등 여러 가지가 있다. 상사로 하여금 보다 많은 시간과 정력을 보다 큰 문제에 활용할 수 있도록 보좌하는 중요한 직위이다.

비서(Secretary)란 Secret에 ary가 붙어서 만들어졌다. '상사가 본래의 직무에 전념할 수 있도록 보좌하는 사람, 또는 중요한 문서나 중요한 일을 결정하는 사람의 곁에서 기밀의 사무를 취급하는 사람'을 뜻한다. 한국어 대사전에는 '요직에 있는 사람에 직속하여 기밀문서나 사무를 맡아보는 사람 또는 그 직책'이라고 나와 있다. 하지만 미국의 국제비서협회(National Secretaries Association)의 정의를 이용하면 비서는 '필요한 기술이 숙달된 사람으로서 감독 없이 책임을 맡는 능력을 소유하고, 주도권을 갖고 판단할 줄 알며 허락된 권한 범위 내에서 결정권을 행사하는 보좌관'으로 풀이되어 있다.

비서의 자질을 살펴보면 다음과 같다.

① 민첩성과 침착성

비서는 상사의 측근자로서 회사 안팎의 커뮤니케이션의 접점에 있는 사람이다. 필요에 따라 즉시 정보를 제공하거나 사무처리를 해야 하는 신속한 행동이 요구된다. 그러나 민첩한 가운데에서도 냉정하고 침착하게 그리고 정확하게 처리하는 것은 우수한 비서의 자질 중 하나이므로, 항상 마음을 가라앉혀서 냉정히 대처하는 정신훈련과 수양에 힘써야 한다.

② 적응력

일반적으로 사람들은 변화에 대하여 그 변화의 결과가 좋은 것이든 나쁜 것이든 부정적인 태도를 가지기 쉽다. 자신이 지금까지 해 온 방식에 안주하기 원하며 시간과 노력을 들여 새로운 것을 배우거나 적응하는 것을 꺼린다. 그러나 비서는 작업을 통하여 끊임없이 변화를 경험하게 되고 어떠한 변화에든 신속하고 능동적으로 대처해 나갈 필요가 있다. 이를 위해서는,

　㉠ 새로운 경향이나 사조에 대하여 개방적이고 수용적인 자세를 가진다.

　㉡ 훈련이나 재교육 프로그램에 적극적으로 참여한다.

　㉢ 업무처리에 있어 타성적이기보다는 보다 효율적으로 방안을 생각하는 분석적인 태도와 호기심을 가진다.

　㉣ 그 분야의 전문가의 말에 귀 기울이며 의문사항이 있을 때마다 해답을 얻을 수 있는 조언자를 구한다.

③ 정확성

모든 업무는 정확하게 그리고 완벽하게 처리되어야 한다. 아무리 사소한 일일지라도 숫자나 철자가 틀리게 되면 정확성이 결여되므로 신뢰도 또한 떨어지게 된다.

④ 분별력

건전한 상식과 논리적인 사고와 판단력을 의미한다. 그러나 많은 사람들은 침착함을 잃고 감정적으로 혹은 일시적인 판단으로 행동하기 쉽다. 주어진 상황하에 가능한 모든 정보를 수집하여 항상 객관적

이고도 논리적인 판단을 하도록 유의하여야 한다.

⑤ 기획능력과 융통성

상사가 바쁜 하루를 막힘없이 보내도록 하기 위해서 가장 합리적이고 기능적인 일정표를 짜야 한다. 일정표의 기능성은 비서의 탁월한 계획성에 좌우된다. 즉 비서는 미리 상사와 관계자의 계획을 알아서 가장 효율적인 일정표를 작성할 의무가 있다. 비서가 정례적인 업무를 수행하는 도중에 임시업무가 끼어들 때는 다음 세 가지의 마음가짐이 필요하다.

　㉠ 즉시 착수할 것
　㉡ 될 수 있는 대로 빨리 처리할 것
　㉢ 시간이 나는 대로 처리할 것

그러나 일반적으로 비서가 업무를 처리함에 있어서 꼭 일정표대로 일이 진행된다고는 할 수 없다. 계획이 예정대로 진행되지 않을 때는 임기응변의 처리가 바람직하며, 융통성과 기획력 그리고 조정 및 통합능력 등이 비서의 자질과 능력으로 갖추어져야 한다.

⑥ 능동적인 태도

　㉠ 업무처리에 있어 새롭고도 나은 방법을 항상 생각한다.
　㉡ 상사의 계속적인 감독이 없어도 자율적으로 일을 추진하며 최선의 결과를 위해 적극적으로 노력한다. 즉 상사가 있을 때는 열심히 하고 상사가 출장 중이거나 자리를 비웠을 때는 업무를 게을리 한다든가 하는 것은 바람직하지 못하다.
　㉢ 책임을 맡았을 때는 기꺼이, 긍정적이고 적극적인 태도로 임한다.
　㉣ 자신의 미래에 대한 목표와 이상을 가지고 일한다.

ⓜ 적어도 한 분야에 있어서 전문가가 되도록 실력을 쌓는다.

⑦ 친 절

비서의 성격은 밝고 명랑하여 모든 사람을 미소로 대하여 외부인들이 회사나 상사에 대하여 호의적인 감정을 가질 수 있도록 도와주는 역할을 하게 된다. 전화를 받을 때나 손님을 응대할 때 항상 미소 띤 얼굴로 한다. 찡그린 얼굴로는 결코 친절한 목소리를 낼 수 없기 때문이다. '고맙습니다.', '실례합니다.', '안녕하십니까?' 등의 인사말을 습관화시키고 외부인들 뿐만 아니라 동료들에게도 항상 사용하여 밝은 분위기를 끌어나가도록 한다.

⑧ 책임감과 포용력

㉠ 비서의 적성 가운데 가장 중요한 기초가 되는 것은 직무수행상의 책임감이다. 아무리 많은 지식이나 뛰어난 기술을 갖추었다 해도 책임감과 도덕심이 없으면 비서의 업무를 완전하게 수행할 수 없다. 비서의 하는 일이 사람들 눈에 잘 띄지 않으므로 대충 하고 생략하거나 적당히 자기 나름의 합리화나 타협을 하는 것은 결코 비서가 취할 바람직한 태도가 아니다. 일이 진척되어서 표면에 나타나는 것은 최종의 결과이다. 그 결과가 상사의 신뢰에 부응하는 것이고 기업의 운명에 영향을 가져오게 되는 것이다. 따라서 비서에게는 완벽하게 업무를 처리하는 책임감이 무엇보다 중요하다.

㉡ 책임감이 강한 사람은 때때로 일감을 독점하는 경향이 있어 남에게 일을 맡기지 않는다. 비서의 업무가 과중해지고 업무가 폭주하면 아무래도 다른 사람에게 업무를 분담할 필요가 있다. 이런 때는 포용성이 필요하게 된다.

비서는 전문성과 업무내용에 따라 전과 다르게 많이 세분화되어 있다. 즉 시대가 변하는 만큼 다양해지는 직업세계에 따라 비서도 전문성을 갖추고 그에 요구되는 행동양상이 달라지고 있다. 하지만 이렇게 비서의 전문성과 업무가 다양해진다 하더라도 비서라는 직업에 맞는 자질과 성격은 달라지기보다는 더욱 명확해지는 것이 아닐까 생각한다.

비서라는 직업은 많은 능력과 자질, 전문적 지식과 기술 등을 필요로 하는 어려운 직업인 것 같기도 하고 또 멋있고 꼭 한 번쯤은 꿈꾸고 해보고 싶은 직업인 것 같기도 한 것이다.

3. 비서의 기본자세

(1) 자기의 성격을 스스로 반성해 보자.

비서의 기본자세 중 중요한 요소는 사람의 됨됨이다. 사람의 됨됨이란 정직, 근면, 기지, 세심, 겸허, 협조성, 적응성, 예의, 단정한 태도 등의 올바름을 말하는 것으로 모든 공직자에게 요구되는 사항이지만 비서에게는 더욱 요구되는 것이다.

(2) 비서란 매사에 정확하고 치밀성이 요구되는 직책이다.

비서는 업무를 착오 없이 정확히 처리해야 한다. 특히 대필을 시킬 때가 많은 비서는 오·탈자 및 용어의 착오 등을 면밀히 검토하여야 한다. 기관장 명의로 대외에 발송하는 서신 및 기타 문서에 오·탈자 등이 있다면 이는 예의에 어긋나는 일이므로 비서 개인뿐만 아니라 기관장의 위신에까지 영향을 미치게 되는 것이다.

세심한 주의와 정성을 다하여 업무를 수행하는 노력으로 이를 습관화하여야 한다.

매사를 아무리 자신 있게 한 일이라도 2중 3중으로 재확인을 하는 것이 바람직한 것이다.

(3) 비서는 예측·솔선의 기지가 필요하다.

상사는 비서의 업무처리가 정확하게 지시된 대로 행하여지면 그 다음은 솔선을 기대한다. 즉 말하지 않아도 상사가 바라는 바를 적시에 적절하게 판단하여 조치하는 것을 말한다. 솔선한다는 것에 익숙해지려면 여러 가지를 많이 알아야 하고 늘 그때그때의 상황을 파악하고 있어야 한다. 조직 내의 모든 일, 상사에 관한 것, 각종 규정이나 업무 수행 요령에 이르기까지 전반적인 지식을 가져야 한다.

(4) 비서는 눈치(센스)가 있어야 한다.

비서에게 요구되는 제 3의 수단이 바로 눈으로 통하는 것이다.

비서는 상사의 눈치를 잘 살펴야 하고 상사가 무슨 말을 하지 않아도 그 마음속을 꿰뚫어 파악하는 것이 비서에게는 필요하기 때문이다. 상사는 심중에 이렇게 혹은 저렇게 했으면 하고 희망하지만 어떤 이유로 해서 그런 말을 하지 못하는 경우가 있는데 그것을 빨리 파악해서 처리하는 센스가 있어야 한다.

유념해 두어야 할 사항은 과잉 추측으로 상사를 곤경에 빠지게 하는 사례가 있으니 초심자의 입장에서 특히 지시하지 않은 일을 자신이 결정하여 처리하는 것은 삼가야 한다.

(5) 비서의 역할과 업무범위

위대한 업적을 남긴 사람의 주변에는 반드시 훌륭한 참모가 있거나 혹은 표면에 나서지 않고 뒤에서 일을 하는 사람이 있는데 이러한 사람들도 비서의 범주에 포함시킬 수 있다. 오늘날과 같은 거대한 조직사회에서 간부는 일반직원의 수십 배, 나아가서는 수백 배에 이르는 중요하고 어려운 직무를 수행해야 한다.

비서의 업무는 상사의 역할, 성격, 능력, 담당업무 및 기관의 조직, 형태 등에 따라 매우 다양하다. 비교적 공통되는 비서업무로서는 다음과 같은 것을 들 수 있다.

① 정보의 수집·관리·전달

비서는 크게는 국가적인 정책 문제에서, 작게는 기관운영과 관련된 사소한 문제 등에 관한 각종 정보를 수집하여 이를 상사에게 보고 전달하며, 보안을 유지하고 이를 보존, 관리하는 일을 한다.

② 각종 회의의 준비 및 관리

비서는 상사가 주관하는 각종 회의의 연락, 소집 등 준비를 하고 때에 따라서는 회의에 참석하여 회의록을 작성하기도 한다.

③ 중요서류의 정리·보관

일반 행정기관에서는 각종 비밀문서 등의 관리를 주무 부서에서 하고 있으며 기타 중요한 정책 등에 대한 대외비문서 등은 기관장이 직접 관리하도록 되어 있으므로 이러한 기밀문서 및 대외비문서 등을 제외한 기타 정책 및 사업에 관한 중요서류 및 자료 등은 상사가 필요한 때에 신속하게 활용할 수 있도록 정리·보관해 두어야 한다.

④ 결재서류의 취급 및 처리

상사의 결재가 필요한 서류는 결재를 받기 위해 상사에게 전달하거나 결재가 난 다음 사후 처리를 하여 결재가 빨리 이루어지게 함으로써 상사의 업무 수행을 원활하게 한다.

비서는 업무가 많고 채무가 많으며 자신이 모시는 사람의 손과 발, 때로는 머리가 되어주는 것이다. 상사로부터 신뢰를 받을 수 있도록 하고 상사를 존경하며 사고방식, 성격을 정확하게 파악하며 헌신적인 태도로 봉사하고 준비는 세심하게, 처리는 분명하게 하여야 한다.

업무를 충실하게 수행하고 어려운 일을 능수능란하게 하려면 많은 시간과 노력이 필요할 것 같다.

(6) 비서가 갖추어야 할 예절

비서란 비서가 모시는 상사가 100% 그 역량을 발휘할 수 있도록 돕는 조수 겸 보좌관이며 개인 참모이다. 즉 현대의 비서는 사회 환경의 격변과 더불어 그 중요도가 더욱 높아지고 있다. 현대의 비서는 단지 상사의 잔심부름만 하는 데 그치는 것이 아니라 오히려 조직적으로 반드시 있어야 할 중요한 기능과 역할을 담당하는 지위라고 할 수 있다. 비서는 상사 대신으로 일하거나 결재하는 업무 등을 맡고 있다. 그러므로 비서는 상사가 말한 것을 이해하여 이를 행동으로 옮길 수 있으며, 또 일정표의 작성, 국문, 영문의 서신 처리, 문서의 기안, 작성, 타자, 정서 혹은 상사를 찾아온 손님의 안내, 접대 등을 할 수 있어야 한다. 이러한 능력 외에 훌륭한 비서가 되려면 일반적인 여러 가지 교양을 골고루 갖추고 있어야 한다.

① 비서가 의견이나 질문을 할 때의 예절

질문이나 의문은 그 자리에서 다시 물어 정확하게 이해하지 못할 때는 솔직히 다시 묻는다. 상사가 잘못 이야기한다고 느끼거나 동감하지 못 할 때는 솔직하게 다시 묻고, 시간적으로 혼자 힘으로 문서작성이나 보고를 못해 무리하다고 생각할 때는 그 이유를 말하고 지시를 받는다.

② 비서가 명령을 받을 때나 전화 받을 때의 예절

명령자가 무엇을 하고자 하는지 그 중심점을 재빨리 포착해 내용을 올바르게 판단하고 시기를 놓치지 않고 실행에 옮긴다. 전화가 와서 그 연락을 적어서 보고할 때는 언제, 어디서, 누가, 어떻게도 정확하게 검토한다.

③ 약속하는 방법, 받는 방법의 예절
㉠ 약속에서 유의점

비서는 아침마다 상사의 약속을 재확인 받고, 항상 상사의 수첩과 대조하여 맞추어 본다. 그리고 손님이 약속한 시간보다 회의로 늦어질 경우에는 정중하게 상대방에게 양해를 구하고 만약 상대가 다음 예정이 있을 경우에는 메모 등으로 상사에게 알려준다. 또한 약속 시간에 상대가 오지 않을 경우는 면담의 내용과 상대에 따라서 전화를 걸어보고 면회자가 많고 상대방들이 안 모였을 경우에는 상사에게 연락 여부를 물어서 보고한다.

ⓛ 약속을 거절할 때

이유를 붙이고 성의를 가지고 거절하고 "지금은 출장 중이라서", "그 날은 1일 중 예정이 꽉 차 있습니다." 등으로 상대의 면담 내용에 따라서 대리시키거나 다른 일시를 말해본다. "다른 사람으로는 어떻습니까?", "언제 몇 시는 어떨까요?" 등으로 물어본다.

④ 비서의 회의 준비

비서는 회의의 출석자로 발언권은 없지만 회의를 원만하게 끝마칠 수 있게 뒷일을 맡아 실수 없이 해야 한다. 용의주도한 준비와 세심한 배려가 회의의 성과를 거두게 하는 요건이다.

㉠ 회의 개최 준비
- 통지 작성
- 회의 명칭과 목적
- 개최일시 및 장소
- 이제와 문제점
- 출석여부 회신 마감일
- 연락 담당자
- 출석예정자
- 주최자
- 필요한 자료 준비 - 과거의 회의록 또는 의제 관계자료

㉡ 회의 목적 설명
- 회의의 필요성 여부
- 어떤 주제로 회의를 해 누군가의 권한이 침범당하는지, 또 회의

를 개최하는 것이 경제적 효과를 가져올 수 있는지, 또는 회의의 주제는 어떤 사람의 견해, 경험, 지식을 필요로 하고 있는지 등을 고려해서 결정한다.

ⓒ 출석자와 일시

주최자, 참석자, 조언자, 기록원 등이다. 반드시 출석할 것을 바라는 중요한 사람에게는 시간과 장소 정학 이전에 이러한 사람의 형편을 알아보고 참석여부도 결정해야 한다.

ⓔ 회의장 준비

준비한 사람들의 대체적 인원수, 회의목적, 일시 등을 감안하여 결정해야 한다. 그리고 좌석 배치는 대개 직위 순으로 하는 것이 원칙이며, 좌석 사이를 적절하게 배치하고 회의장에 필요한 비품 용품 준비를 한다.

⑤ 출장 관리 예절

기업이 국제화되고 전 세계가 하나의 시장을 형성함에 따라 조직원들은 많은 시간을 국내외 출장에 보내게 되었다. 출장은 시장 개척, 지점 점검, 거래선 확보, 사무 협의, 회의 참석, 시찰, 정보 교환, 강연, 의례적 방문 등 여러 가지이다. 비서는 상사의 출장 여행 준비, 출장 중 업무보조, 출장을 다녀온 후 사후 처리 등의 업무이다.

ⓐ 출장계획 시 고려할 사람

목적지의 도착, 출발, 회사여비 규정검토, 교통수단의 선정과 예약, 용무, 출장지에서 회의의 유무와 만나는 사람, 장소, 일시, 기념품, 출장지의 기후나 날씨 등을 고려해 보고 출발 전 조치사항, 휴대품 준비, 부재중 대신 업무를 관장할 사람 등을 고려해 본다.

ⓛ 출장 사후 처리
가지고 온 서류의 정리, 기록정리, 출장일정표 작성.

⑥ 비서와 정보 관리 일 때의 예절
㉠ 기밀 정보의 누출 방지

중요한 서류나 메모의 원본이나 사본은 쓰레기통에 함부로 버리지 않는다. 그리고 문서세단기가 있을 경우 이를 이용하여 파기한 후 버리고 없을 경우 여러 번 찢어서 버린다. 그리고 회사 내 친한 동료나 다른 부서 윗사람에게도 함부로 기밀을 말하지 않고 서류함이나 열쇠는 눈에 안 띄는 곳에 보관한다.

중요한 서류는 자의적으로 회사 밖으로 가지고 나가지 않는다. 또 회사 밖의 사적인 모임에서도 큰소리로 회사와 관련된 이야기를 하지 않고 방문객이 회사의 근황에 관해 필요 이상으로 자세하게 물을 때 일단 주의해 개략적인 답변만 한다.

⑦ 인사예절

인사는 사람을 처음 접하거나 고마움 표시 등 여러 가지로 이용된다. 인사의 기본요령에 대해 알아보자.

인사는 상대방의 시선을 마주보고 가슴을 펴고, 허리를 펴고, 무릎과 발뒤꿈치를 붙이고 여성은 오른손이 위로 오도록 공수하고, 남성은 양팔을 바지 재봉선에, 달걀을 쥔 듯이 차렷한다.

그리고 인사는 상냥한 인사말을 건네며 허리를 숙인다.

정중한 인사는 45°로 인사하고 기본인사는 30°로 목례는 15°로 하는 것을 잊지 말아야 한다.

⑧ 비서의 전화예절

㉠ 전화응대의 중요성

전화는 정보화 시대의 요체이며, 업무상 중요한 수단과 이미지 결정의 중요요소이다.

전화응대의 3요소(정확, 정성, 간결)

- 정확하게 하는 말
 - 바른 자세와 바른 음성, 어미를 명백히.
 - 성명, 품명, 수량, 일시, 장소 등을 천천히 명백히.
 - 상대방이 이해 못할 전문이나 틀리기 쉬운 한자는 피한다.
 - 에……, 저…… 등 기타 나쁜 입버릇은 고치고
 - 특히 중요한 부분은 재차 강조한다.
 - 상대방의 말을 잘 듣고 지레 짐작하는 응답은 피한다.

- 정성을 들여서 하는 말
 - 원만하게 말한다. 그러나 화제에는 신념을 갖고
 - 필요 이상으로 큰소리로 말한다든지 웃지 않는다.
 - 말을 가로챈다든지 혼자서만 말하지 않는다.
 - 입에 붙은 소리나 버릇없는 말은 하지 않는다.
 - 상대방이 감정적으로 되면 이쪽은 누그러뜨린다. 언쟁은 일삼지
   않는다.

- 간결하게 하는 말
  - 걸기 전에 용건을 5W1H로 써서 말하는 순서와 요점을 결정해 둔다.
  - 불필요한 말은 반복하지 않는다.
  - 잔소리나 자만하는 말은 하지 않는다.
  - 필요한 농담도 도가 지나치지 않도록 한다.
  - 원가의식과 시간의식을 갖고 통화를 한다.

ⓒ 전화 받을 때의 예절

- 벨이 울리면
  - 곧 받는다(될 수 있으면 벨이 두 번 울렸을 때 받도록 한다).
  - 왼손으로 수화기를 잡고 수화기와 입이 5-7cm 되도록 하고 오른손으로 메모할 준비를 한다.
  - 회사명 또는 소속명을 말하고 상대방을 확인한다.
  - '여보세요, 여보세요'를 연발하지 않도록 한다.
  - 간단히 인사를 교환한다.

- 용건을 듣는 방법
  - 메모를 하면서 듣는다.
  - 잘 못 듣거나 빠뜨리는 것이 없도록 주의하여 듣는다.
  - 다 듣고 난 후에 복창한다.
  - 용건을 알아들을 수 없을 때는 알 수 있을 때까지 묻고 5W1H로 빠진 것이 없는지, 무엇을 얼마나 언제까지 어떻게 할 것인지, 숫자, 시간, 장소 등을 반드시 메모한다.
  - 이야기 내용에 알맞게 경어로 인사를 나누고 상대방이 끊은 후에 조용히 수화기를 내려놓는다.

- 중개 전화일 경우
  - '누구로부터 누구에게'인가를 확인하여 지명인에게 연락한다.
  - 전화를 바꾸어 줄 때는 자기가 상대방으로부터 들은 요점을 전하고 바꾸어 주어 상대가 같은 말을 되풀이하지 않도록 한다.
  - 전화를 바꾸어 주거나 중개하는 경우 연락을 할 때에는 수화기를 손으로 막고 한다.
  - 상사가 전화를 받기까지에 시간이 걸릴 것 같이 생각되면 도중에 말을 걸거나 상대의 형편을 들어 나중에 전화를 걸도록 배려한다.

    * 조금만 기다려 주십시오.
    * 조금 더 기다리셔야 겠는데 괜찮겠습니까?
    * 시간이 길어질 것 같은데요. 이쪽에서 다시 걸면 어떻겠습니까?
    * 아니면 이대로 기다려 주시겠습니까?

- 지명인이 없을 때
  - 이야기를 전해 달라고 부탁 받으면 다음의 점들을 확인하고 메모한다.(어디의 누구로부터, 언제, 어떤 용건으로, 회답이 필요한가? 회답할 때에는 어디의 누구(전화번호)에게 해야 하는가?)

    * 지금 자리에 안 계십니다. 곧 연락하여 보겠습니다.
      조금만 기다려 주시겠습니까?
    * 지금 막 출타하셨습니다.
    * 지금 ○○님은 출장 중이십니다. 저는 비서 ○○○입니다.
      별 지장이 없으시면 여쭤 봐도 괜찮겠습니까?
    * ○○님은 지금 출장 중이신데 어떠한 용건이십니까?
      저는 비서 ○○○입니다.
      혹 제가 알아도 되는 일이라면 제가 말씀을 들어두었다가 ○○님이 돌아오시는 대로 회답 말씀을 드리도록 하지요.
　* 지금 회의 중입니다. 급한 일이신가요?
　* ○○님은 지금 다른 전화를 받고 계십니다. 잠시만 기다려 주십시오.
　* ○○님은 지금 출타 중입니다. 다른 사람에게 말씀하시면 어떻겠습니까?
　* 담당 부서로 돌려드리겠습니다. 좀 기다려 주십시오.
　* 그 일이라면 ○○이 잘 알고 있는 줄 압니다. ○○을 바꿔 드릴까요?

- 전언(傳言)을 받을 때는 자기의 이름을 알려 두도록 한다.

• 담당자에게 전화를 돌릴 때

: 만일의 경우에 대비하여 돌리기 전에 '○○부는 구내전화 ○○번입니다.'라고 구내 번호를 알려주어 혹 실수하여 도중에 끊어지더라도 상대방이 손쉽게 담당자를 다시 부를 수 있도록 하여야 한다.

• 전화가 잘못 걸려 왔을 때

: 전화가 잘못 걸려 왔을 때에는 그냥 끊지 말고 이쪽의 번호나 회사명을 알려준다. 만약 또 다시 전화가 잘못 걸려올 때 저쪽에서 찾는 곳의 전화번호를 알려준다.

: 친절하고 기분 좋게 하여 주면 회사의 PR도 된다.

• 대화가 끝났을 때

: 상대방이 전화를 먼저 끊는 것을 기다려서 그 뒤에 수화기를 놓아야 한다. 전화를 건 쪽에서 끊는 것이 원칙이지만 상대방이 손윗사람이거나 거래처일 경우에는 이쪽에서 건 전화라도 상대방이 끊는 것을 기다려야 한다('감사합니다.'라는 말도 잊지 말 것).

ⓒ 전화 걸 때의 예절

- 전화를 걸 준비
- 용건의 제목, 내용을 5W1H에 따라 정리 메모하고 말할 순서를 미리 생각해 둔다.
- 필요한 서류나 자료를 갖추어 가까이 놓는다.
- 전화번호를 확인하고 다이얼을 돌린다.
- 다이얼을 정확하게 돌린다. 비단 다이얼의 숫자대로만 정확하게 돌리는 일에 그칠 것이 아니라 다이얼과 전화의 통화 중 신호음에 대해서도 정확하게 처리해야 한다.

- 상대가 나오면
- 자기의 소속과 이름을 대고 상대방을 확인한다.
- 대리로 전화를 걸고 있는 때는 '○○○의 비서 ○○○입니다.'라고 자기소개를 한 뒤 대화를 시작하여야 한다.
- 인사는 간단히 하고 바로 용건으로 들어가야 한다.
- 요령 있고 간명하게 전화를 건 이유부터 밝혀야 한다.
- 다 끝난 뒤에 상대방이 다시 되물어오지 않아서 자기가 이야기한 것을 잘 알아들었는지 궁금한 경우가 있다. 이런 때에는 이쪽에서 '다시 한 번 말씀드리겠습니다.'라고 반복하는 것이 좋다.
- 전화가 잘못 걸렸으면 '죄송합니다. 전화가 잘못 걸렸습니다.' 하고 정중히 끊는다.

- 용건을 말하는 방법
- 인사를 나눈 후 조리 있게 전화를 건 이유를 말한다.
- 상대방이 이해하도록 용건을 요령 있게 전한다.

- 용건이 끝나면
  - 용건이 통했는지 확인을 한다.
  - 필요하면 요점을 반복하든지 복창을 구하도록 한다.
  - 원칙적으로 건 쪽이 먼저 끊지만 상대방이 손위 분이면 상대방이 끊은 다음에 끊는다.

- 전화가 도중에 끊겼을 때
  - 원칙적으로 건 쪽에서 다시 건다.
  - 다시 걸 때에는 '조금 전 도중에 끊겨져서 실례했습니다.' 하는 식의 인사를 한다.

- 상대방이 부재중일 때
  - 후에 다시 걸 것에 대비하여 상대방이 들어오는 시간을 물어 두어야 한다.
  - 대리인에게 전할 말을 부탁할 때에는 특히 주의하여 요점을 분명하게 알려주고 상대방 대리인의 이름도 알아두어야 한다.
  - 전할 말은 교환수에게 부탁하지 말고 상대방의 비서 또는 담당 부 과의 직원에게 부탁하여야 한다.

- 지위가 높은 사람들에게 걸 때
  - 지위가 높은 사람에게 전화를 할 경우에 비서는 우선 상대방 비서와 통화하는 것이 원칙이다. 직접 상대방을 불러내지 않고 비서나 대리하는 사람에게 일단 용건을 전하고 적당한 조치를 기다려야 한다.
  - 상대방 본인이 직접 전화를 들었을 때는 '이렇게 전화를 걸어서 죄송합니다.'라고 인사를 하여야 한다.

- 윗사람이 부탁한 곳이 자기 윗사람보다 높은 직위일 경우에는 상대방이 수화기를 들기 전에 자기 윗사람이 먼저 수화기를 들도록 주의하여야 하고, 상대방의 직위가 자기 윗사람과 엇비슷할 경우에는 상대방 비서에게 '같이 여쭤주세요' 하고 부탁한 후 전화를 바꿔준다.

㈃ 전화메모 방법

전화에서의 복잡한 용건이나 중요 사항, 상세한 내용, 숫자 같은 것은 반드시 메모를 한다.

- 상대방에게 전화할 때는, 전화를 걸기에 앞서 먼저 요점을 메모해서 통화한다. 받은 쪽은 전화를 받으면서 메모를 하게 되는데, 누락사항이 없도록 조심한다.
- 부재중의 사람에게 걸려온 경우 자리를 지키고 앉은 사람으로서의 당연한 근무행위로서 대리 수화를 하고, 그 용건을 메모하여 뒤에 건네주는 것을 잊지 않는다.
- 전화기를 대하는 올바른 메모는 왼쪽 손으로 수화기를 들고 오른손으로 메모를 하도록 하는 것이다. 따라서 왼손잡이의 사람은 그 반대의 자세가 된다. 이 자세는 버릇이 들게 함이 바람직하다.
- 받은 메모 사항을 정리할 필요성이 있을 때는 통화 종료 즉시로 기억이 아직 살아 있을 동안에 보완, 정리한다. 메모를 적은 요령은 상대방의 회사명, 소속, 성명, 용건, 수납일, 시각, 다음의 연락을 위한 처리사항, 전화번호의 순으로 함이 좋다.

전화첩에는 언제나 마음을 써서, 통화 빈도가 높은 곳, 필요한 곳, 중요한 곳 등, 급히 전화를 해야 할 때를 대비하여 전화번호를 빠짐

없이 일람표를 만들어 둔다.

  ㉢ 전화통화 할 때의 주의사항

• 상대방에게 보이지 않는다고 해서 턱을 괸다든지 무례한 자세로 전화를 받아서는 안 된다.
• 급한 일을 하고 있다고 해서 전화벨이 세 번 이상 울릴 때까지 기다리게 하여서는 안 된다.
• 전화기를 들자마자 "여보세요"를 연거푸 불러서는 안 된다.
• 상대방이 누구인지 확인하지 않고 받으면 후에 곤란한 일이 생길 수 있다.
• "좀 기다려 주십시오."라 말해 놓고 아무 설명도 없이 장시간 기다리게 하여서는 안 된다.
• 기다리게 하는 사이에 전화기 앞에서 큰소리로 이야기하면 안 된다.
• 자기의 담당이 아닌 용건으로 걸려온 전화라도 무책임하게 여기저기 다른 데로 돌려서는 안 된다.
• 통화자가 바뀔 때마다 한 번 들은 용건을 처음부터 다시 반복하게 하여서는 안 된다.
• 잘못된 전화가 걸려왔을 때에는 '아닙니다.' 하고 수화기를 덜컥 내려놓지 않도록 하여야 한다.
• 자료도 준비하지 않고 서둘러 전화를 걸어서는 안 된다.
• 비서 자격으로 직접 높은 사람에게 전화하여서는 안 된다.
• 급한 용무라고 해서 면담 중인 윗사람에게 메모도 없이 바꿔서는 안 된다.

제2장 교육학적 비서행정의 내용

1. 문서관리 교육·행정·비서

1) 문서의 의의

　문서의 정의: 문서란 문자나 기호, 도면(圖面) 등으로 인간의 감정 또는 사물의 상태·현상·관계 등을 영속성 있는 물체(物體), 주로 지면 등 위에 표시하는 기록물을 뜻한다. 이러한 문서의 정의도 현대 과학문명의 발달에 따라 점차로 그 범위의 폭이 넓어지고 있다. 종전까지는 테이프, 필름, 슬라이드 등에 관하여는 문서의 개념에 포함시킬 수 없다고 일부 학자들의 논의가 분분하였으나 대부분의 국가에서 인정하고 있으며, 최근의 경우는 컴퓨터의 발달에 따른 자기(磁氣) 디스크 등 전자적 기록물에 관하여 문서성(文書性)에 관한 세계 주요 각 국의 판례(判例)가 서로 엇갈릴 수도 있다. 우리나라의 경우 정부 공문서 규정에서의 공문서에 관한 정의는, '공문서'라 함은 행정기관 내부 또는 상호 간이나 대외적으로 공무상 작성 또는 시행되는 문서(도면·사진·테이프·필름 및 슬라이드를 포함) 및 행정기관이 접수한 모든 문서를 말한다고 규정하고 있다. 이 규정에서 볼 수 있듯이 우리나라는 문서를 도면·사진·테이프·필름 및 슬라이드 등을 포함시킨 것으로 보다 범위를 구체화하였다. 문서의 기능은 인간의 능력인 음성의 한계를 극복하기 위해서 문서의 형태로 된 의사전달이 필요하며 전달을 할 경우에는 인간 능력의 한계를 극복하기 위하여 문서의 형태로 된 의사의 보존이 필요하다. 이와 같은 의사의 소통과 보존을 문서의 2대 기능이라고 한다. 의사의 소통을 위해서는 문서가 작성, 발송되어 상대방에게 접수됨으로써 발송인의 의사가 전달되고

사무활동이 시작되어 기업목표가 달성된다. 의사소통의 과정에는 문서의 작성과 결재, 통제, 협조, 처리에 관한 사항이 포함된다.

처리가 완료된 문서에는 일정한 기준에 의하여 정리, 보관되어 다시 응용되고 참고적인 증빙자료로서의 역할을 하게 된다. 문서는 계속적인 업무의 기준이 되기도 하고 인간에게 제한된 기억력을 보충시켜주는 역할을 하기도 한다. 의사보존의 과정에는 문서의 분류, 정리, 보관, 이관, 보존, 폐기에 관한 것이 포함된다고 볼 수 있다. 문서의 관리에는 문서의 작성, 분류, 편철, 이관, 열람, 폐기, 마이크로필름화 등 일련의 작업과정을 통한 활동을 말한다.

문서관리의 중요성은 기록가치를 살리는 데 있다. 문서처리의 능률화에 문서작업 · 수신과 발신 · 보관방법의 통일을 기하여 가치 있는 기록으로서 언제나 활용 가능한 체제를 마련하고 유지하는 것이 필요하다. 문서를 보관에만 그칠 것이 아니라 제대로 분류 · 정리하여 정보로써 활용할 수 있도록 하여야 한다. 문서관리도 사무관리의 한 부분이므로 사무관리의 원칙이 그대로 적용된다고 볼 수 있다. 원칙들은 각각 독립되어 작용하는 것이 아니고 상호 작용 관계를 가지고 있다는 점을 유의할 필요가 있다고 본다.

문서사무에 있어서의 표준화는 거의 모든 부문에 미친다. 문서사무 전체의 테두리와 운영절차 및 방법 등에 대한 전반적 문서사무체제를 표준화한 것이 바로 정부 공문서 규정의 각 규정이다. 문서사무의 간소화는 불필요한 절차나 방법을 제거하여 간결하고 합리적인 문서관리를 작성할 경우에 필요 없는 수식어를 없애고 쓴다든가 정부에 의하여 증명서를 발급하거나 승인사항을 결재하는 것이 이것에 포함된다. 문서사무는 원칙적으로 한 부서에서 전담하여 전체 문서를 집중처리하게 된다. 문서 접수와 발송 · 보관 · 보존 등을 조직의 사무실에 전담 처리하여 있는 것은 분담에서 오는 폐단을 없애고 전문화의 이점을 살리기 위한 것이다. 문서사무는 될 수 있는 대로 통일된 형식과 정연한 체계를 갖추고 신속·정확하게 작성, 처리되어야 하기 때문에 기계화 작업을 추진시켜야 할 것이다. 최근에는 각종 새로운 사무기기가 많이 발달되어서 문서사무 부문도 많은 사무자동화가 이루어지고 있다.

문서는 접수할 때부터 완결을 향하여 조금씩이라도 진척되어야 하고, 서류상자나 책상서랍 속에서 정체되지 않도록 책임자는 유의하여야 할 것이다. 문서의 정확성을 실현하기 위해서는 착오율을 최소로 줄여가면서 완전히 없애도록 하는 것이다. 신속성을 강조하다 보면 정확성에 문제가 생기고, 반면 정확성만 고집하다 보면 신속한 처리가 되지 않는다는 모순은 있지만 둘 다 빼놓을 수 없는 기본 원칙이다. 문서사무는 행정이나 경영활동을 촉진하고 보조하는 활동이므로 사무비용을 최대한 줄일 수 있도록 하고 문서처리도 될 수 있는 대로 간단하고 쉽게 표현하여 쉽게 알아 볼 수 있도록 하여야 할 것이다. 정보를 생산하는 데는 값싸게 생산할 수 있도록 모든 면에 대해서 문서사무원가 관리의식을 갖고 관리하도록 하여야 한다.

문서는 그 분류 기준에 따라 여러 가지로 분류될 수 있다. 문서에 의하여 분류하는 방법은 그 목적에 의하여 분류하는 방법과 문서의 대상에 의한 분류 및 문서의 분류방법으로 크게 나누어서 설명할 수 있다.

① 원본: 의사표시를 위해 맨 처음 작성한 문서

② 정본: 권한이 있는 책임자가 원본에 의거하여 작성한 것으로 법률상 원본과 동일한 효력을 갖는 문서

③ 등본: 원본의 내용을 등사한 문서

④ 초본: 원본의 일부를 발췌하여 등사한 문서

⑤ 사본: 복사 또는 필사된 문서

(1) 사용목적에 의한 분류

① 공문서: 공적인 목적을 위하여 작성 또는 접수한 문서
② 사문서: 개인이 사적인 목적을 위하여 작성한 문서를 의미하며 사문서는 그 작성 주체가 개인이며, 이용목적이 순수한 사적인 것을 말하면서, 사문서는 공문서로 전환되는 경우가 있으면서 그 사용이 법규에 위반되든지, 공익에 반하는 경우에는 법적제재를 받게 된다.

(2) 성질에 의한 분류

① 법규문서

주로 법규사항을 규정하고 있는 문서로서 법률, 대통령령, 총리령, 부령, 조례 및 규칙 등에 관한 문서를 말한다. 사기업에 있어서의 정관, 규약, 예규 등이 포함된다. 법규문서는 조문형식을 취하며, 공포번호, 공포 연월일 등 그 형식이 다른 문서와는 다르다.

② 지시문서

상급기관에서 하급기관으로서의 문서, 소속공무원에 대한 지시 · 명령 · 예규와 일일명령을 포함하며, 유사한 것으로 영달 문서가 있는데 이는 회장이 회원에게로 보내는 문서, 직원에의 지시, 발령, 일일명령이 이에 속한다.

③ 공문서

공고, 고시, 광고 등과 같은 문서로서 조직이 일정한 사항을 일반인들에게 알리기 위한 문서

④ 일반문서

문서에 속하지 아니한 문서로서 보통문서, 내부문서 등.

문서의 성립을 위해서는 특별한 규정이 없는 한 기안책임자가 기안을 하여 보조기관인과·국장의 결재를 거쳐 기관장 또는 기관장으로부터 위임을 받는 전결권자의 결재를 받아야만 문서로서 성립하는 것이다. 기안책임자가 기안을 한다든지. 보조기관이 결재한 단계에 있어서는 문서가 성립된 것이 아니라 문서성립을 위한 일련의 절차단계에 지나지 않는 것이고, 최종결재권자가 결재를 한 시점에서 문서가 내부적인 것으로 성립된다고 볼 수 있다.

중간결재권자의 결재는 최종결재권자의 판단을 바르게 하기 위한 중간검토, 수정, 합법성과 합리성 등을 검토하기 위한 것일 뿐 문서의 성립요건이 아니므로 중간결재자의 결재를 거치지 아니하였더라도 최종결재권자의 결재만 있으면 해당 문서는 유효하게 성립된 것이며, 성립의 시기 역시 최종결재권자가 결재한 시점이 된다고 볼 수 있다. 문서는 최종결재권자가 결재를 해야만 조직체로서의 의사가 결정되어 내부적으로는 성립이 되었다고 할 수 있으나 상대방 없는 내부결재를 제외하고서는 시행문이라는 서면을 통해 결정된 의사가 상대방에게 전달되어야만 효력이 발생한다. 대외적으로 효력을 발생하는 시점에 대해서는 표백주의, 발송주의, 요지주의, 도달주의가 있으나 여기서는 도달주의에 대해서 알아볼 수 있다.

도달주의: 시행문서가 상대방의 지배 또는 생활권 내에 들어갈 때, 즉 상대방이 시행문의 내용을 보려고 할 경우에는 언제든지 볼 수 있는 상태에 이르는 때를 말하는 것이므로 상대방의 가족이나 점원, 사무원 등이 수령한 것도 본인이 직접 받는 경우와 동일한 효력이 되는

것이다. 시행문서의 경우 도달시점 계산이 문제되거나 분재의 대상이 될 경우에는 문서의 송달은 수령증을 받고서 발송증을 첨부하여 놓아야 할 것이다. 문서의 효력발생에 관한 문제로 공고문서에는 효력발생의 시점이 다르다고도 볼 수 있다. 문서의 효력발생 시점은 특별한 규정이 없는 한 공고 후 5일이 경과한 날부터 시행문이 도달된 경우와 같은 효력이 발생하는 것이므로 정부공문서 규정에서 정하고 있다.

2) 문서의 수신 요령

① 개봉하기 전에 수신인을 확인하고 똑바로 배달되었는가를 확인하고 만일 잘못 배달되었을 때는 문서의 발송처로 발송한다.

② 우편의 종류: 등기, 속달, 내용증명, 일반우편별로 구별하고 친전, 비밀문서.

③ 공직문서는 개봉을 하되 친전, 인비 등을 그 취급을 상사에게서 위임받지 않은 한 개봉하지 않고 상사에게 전달한다.

④ 개봉한 문서는 읽어서 중요한 것과 긴급을 요하는 것, 그렇지 않은 것으로 구별하고 내용의 핵심이 되는 곳을 붉은색으로 밑줄을 그어서 요점을 메모해 덧붙이면 좋다.

⑤ 외국어로 된 문서가 접수되어 있을 경우에는 비서가 우리말로 번역문을 만들어 첨부하는 것이 좋다.

⑥ 받은 문서가 상사가 보낸 편지의 답장일 경우는 보관해 둔 사본을 꺼내서 보내온 답장과 함께 철해 두면 좋다.

3) 문서의 정리제도

파일이라고 하는 단어를 사전에서 찾아보면 '철한다, 정리해 보관해본다.'라고 적혀 있는데, 주로 문서의 형식으로 작성·보존되고 있는 기록의 모임으로서 사무원의 수작업에 의해 작성된 대장, 장부 및 철지류를 말하며, 이것은 어떤 목적에 따라 조직원으로 수집된 정보를 말한다. 문서정리제도를 요약해서 정의하면 조직체의 유지 발전에 필요한 문서를 조직체의 필요에 따라 이용할 수 있는 형태로 정리·보관하고, 폐기하는 일련의 제도이다.

(1) 문서의 분류 원칙

미결문서나 유통문서의 보관, 완결문서의 정연한 보존에 의하여 문서가 지니는 의사전달과 의사보존의 기능을 원활히 발휘할 수 있도록 일정한 기준에 따라서 문서를 체계적으로 구분·표시하는 것을 말한다.

① 종합의 원칙
정리를 위한 분류란 세분하는 것이 목적이 아니고 어떤 기준에 따라 비슷한 것끼리 묶는 것을 말한다.

② 일관성의 원칙
분류의 목적에 따라 무엇에 의해 구분할 것인지를 분명히 정한 다음 그 기준에 의해서 분류한다.

③ 점진의 원칙
분류는 대·중·소로 나누기 쉬운 것부터 정리하여 간단한 것에서

부터 복잡한 것, 일반적인 것에서부터 특수한 것으로 분류한다.

④ 상호 배제의 원칙

분류할 때 애매한 점을 없애고 중복시키지 않으면서 어느 쪽으로 분류해야 할 것인지 분명히 한다.

⑤ 병렬의 원칙

분류의 결과 비슷한 것이나 관계가 있는 것은 가까운 곳에 병렬되도록 분류해야 한다.

4) 문서의 보존 및 폐기

(1) 보 존

① 보존할 문서는 가능한 한 줄일 것

보존해야 할 문서는 그 수를 줄이도록 노력하고 보존하기로 결정된 문서에 대해서는 철저하게 정리하여 필요한 경우에는 누구라도 쉽게 찾을 수 있도록 해야 한다.

② 문서 보존 규정을 정하고 이를 준수할 것

조직 내에서는 실정에 맞는 구체적인 문서 보존 규정을 만들어 놓고, 특히 사무 집행자나 책임자들은 이 규정을 꼭 지켜야만 한다.

③ 보존문서는 정리·폐기를 적절히 할 것

적어도 6개월이나 1년에 한 번씩은 정리하여 불필요한 문서는 바로 폐기 처리한다.

 폐기-폐기는 소각이나 매각의 방법으로 하는데, 비밀문서의 경우는 소각이나 문서세단기를 사용하여 폐기하여야 한다. 여기서는 공문서를 주임으로 문서폐기의 대상과 절차를 알아본다.

5) 폐기 대상 문서

① 보존기간이 경과된 문서

보존기간이 만료된 문서는 계속 보존할 것이냐를 재검토한 후 폐기한다. 단 보존기간이 10년인 문서로서 중앙행정기관이 있는 문서에 대하여는 정부 기록 보존 소장과 미리 협의하여야 한다.

② 연말 폐기 문서

법규문서 중에서 법규문서의 주무부서 또는 담당관이 기안한 초안이나 상급기관의 결정을 받은 사항으로서 경유기관에서 단순히 보관하고 있는 부분 등의 문서는 연말에 기관장의 결정에 따라 처리한다.

③ 불필요한 자료

연말에 각 사무실에서 보관하고 있는 참고자료는 각 기관의 행정자료실과 협의하여 사용여부를 결정하고 필요 없는 자료는 폐기한다.

④ 기간 재조정 문서

정보의 변화로 인하여 기관장의 승인을 얻어 보존기간을 단축 조정함으로써 보존 중인 문서나, 재조정한 보존기간이 경과한 문서는 폐기 조치한다.

6) 문서의 폐기 절차

폐기 결정이 난 문서는 보존문서 기록대장 또는 특수규격 문서관리 대장에 폐기 사실을 붉은색으로 기입한 후 당해 문서에는 폐기인을 날인한 후 폐기한다.

문서관리의 업무는 너무도 광범위하다.

문서관리를 하는 사람들은 문서 하나하나를 신중히 만들어서 비서 업무를 할 때에 문서관리를 어떻게 하느냐에 따라서 많은 영향이 있을 것이다.

비서는 대통령 비서실장과 비서관, 국회의원 비서관, 대기업체의 비서실장 등을 예를 들 수 있다. 모든 조직체에서 참모로서 기능을 발휘하고 의사결정에 영향을 미치고 있는 자들이라고 말할 수 있다. 일반적인 비서는 제반 주변적인 잡무를 처리해 주는 비서로서 상사의 스케줄 관리, 문서 작성 및 발송, 관리, 전화응대, 내객응대, 사무실의 정비, 정돈 등 가장 보편적인 것이 비서이다. 책임자라고도 볼 수 있는데 각종 단체, 정부, 정당의 사무총장, 각 단체의 간사 등 사무 및 총무 업무를 총괄하고 있는 책임과 권한을 소유하고 있는 사람이라고 볼 수 있다. 비서의 참모 유형은 차 심부름이나 손님 접대에서 머무르던 비서의 역할이 이제는 전문화되고 있다. 기업의 CEO(최고경영자)를 보필하는 중요한 핵심 참모로 부각되고 있는 것이다. 한마디로 전문비서와 단순비서로 볼 수 있다는 것이다. 유형이 점차 늘고 있는 것으로 알고 있다. 이로 인해 비서학과의 이름을 만든 학과가 많이 생겨난다고 한다. 또한 비서의 대상으로 마케팅도 활발하게 만들어지고 있다. 최근에는 비서의 역할이 커지면서 비서주간이나 비서의 날도 생겨났다. 이러므로 많은 관심도가 높아지고 있다. 한국비서협회를 보면 비서주간은 1950년대 미국에서 시작해 한국에서도 80년대부터 기념하기 시작했다. 사회 인식이 많이 바뀌면서 비서주간도 주목받고 있다고 한다.

직장은 계층과 연령이 서로 다른 사람들로서 구성된 조직 사회이다. 출생, 성장, 교육, 취미, 소질, 가치관이 각기 다른 이질적인 사람들이 모여, 공동의 목표 아래 서로 협력하여 조직적으로 일하는 곳이다. 또한 각자가 맡은 업무를 원활하게 수행하고 통괄하기 위하여 직위에 따라 상하로 종적인 관계를 맺어 질서 있게 생활을 영위하는 곳이기도 하다.

일반 사회생활과 조직사회인 직장생활이 서로 다른 점은 직장에는 나름대로의 특유한 규범이 있으며 공동의 목표를 갖는다는 점이다. 따라서 개개인은 조직의 목표와 규범에 맞추어 자신의 특이성을 조화시켜야 하기 때문에 직장사회에서 요구하는 예절은 더욱 엄격하다. 일반적인 예절이 인간으로서의 자기 관리와 사회인으로서의 대인관계를 원만히 이루어 나가기 위한 것임과 같이, 직장예절은 직장인으로서의 자기 관리와 대인관계를 공동의 목표 성취를 위한 방향으로 이루어 나가기 위한 것이다.

직장예절은 개인예절을 바탕으로 한 가정예절의 연장선상에 있으며, 따라서 직장예절을 알기 전에 기본예절과 가정예절을 완전히 체득하고 있어야 한다.

2. 마음가짐과 몸가짐

1) 마음가짐

모든 직장인이 각기 맡은 바 직무를 성실하게 그리고 능률적으로 수행할 때, 전체 직장이 발전하는 동시에 직장인 각자도 보람 있는 생활을 영위할 수 있다.

사람의 모든 행동이 그의 마음에 따라 이루어지듯이 직장 생활 역시 직장인의 마음가짐에 따라 성패가 이루어진다. 마음가짐이란 일에 임하는 가치관을 말한다. 다시 말해 직장 생활은 직업관과 깊은 관련을 맺고 있는 것이다. 요컨대 바람직한 직장 생활은 직장인의 올바른 직업관이 정립될 때 비로소 이루어진다 하겠다.

(1) 올바른 직업관을 세운다.

최근 들어 우리 사회에는 더럽고(dirty), 힘들고(difficult), 위험한(dangerous) 일은 하지 않으려는 이른바 3D 풍조가 만연하고 있다. "직업에는 귀천이 없다."는 고전적인 직업관을 가지고 이것저것 가리지 않고 열심히 일해 온 사람들이 볼 때 금석지감(今昔之感)을 느끼지 않을 수 없을 것이다. 물론 깨끗하고, 쉽고, 편안한 것을 좋아하는 것은 인지상정이다. 문제는 3D 풍조로 인해 직업을 가지고 사람을 낮춰 보는 것과 그 분야의 국가 경쟁력이 떨어지는 데 있다. 이러한 까닭에 이 시점에서 직업윤리 의식을 제고하고자 하며 간단하나마 올바른 직업관에 대해 살펴보고자 한다.

① 직업을 특정한 가치를 얻어내는 수단으로만 생각한다면 어떠한 직업에서도 만족을 느낄 수 없다. 직업은 인생의 목적을 성취시켜 주는 수단이기도 하지만, 한편으로 직업 활동 자체가 곧 인생의 목적이라고도 할 수 있다.

② 일정한 직업에 오래도록 종사하려는 마음가짐이 필요하다. 말하자면 천직(天職) 의식을 가져야 한다는 것이다.

③ 모든 직업은 평등하다는 관념이 필요하다. 어떤 직업이든 그 나름으로 국가 사회에 기여하며 또 불가결한 것이기 때문이다.

(2) 일한다는 것은 배운다는 것

우리는 자신과 가족의 생계를 꾸려 나가고 의식주를 해결하기 위하여 직장을 가진다. 그런데 직장은 이러한 경제적인 수단일 뿐 아니라 일을 통하여 자아를 발견하고 실현하는 공간이기도 하다.

'회사에 들어갔으니 이제부터 공부는 끝이다.'라고 생각해서는 안 된다. 입사는 새로운 공부를 시작하는 출발이다. 공부라 하였는데 학생 시절의 공부와는 달리 이 공부는 아무도 가르쳐 주지 않는다. 일에 대한 노하우를 습득하는 방법, 대인관계를 잘 맺는 방법, 의사를 결정하는 방법, 즐기면서 일하는 방법, 더 나아가서는 사람을 다루는 방법 등에 이르기까지 공부해야 할 분야가 무수하다. 이 무수한 미지의 분야를 개척하려면 학생 시절의 공부와는 다른 방법과 사고가 필요하며, 끈기 있게 노력해야만 비로소 보람도 느끼며 풍요롭고 충실한 생활을 영위할 수 있는 것이다.

요컨대 일한다는 것은 배운다는 것이다. 배움을 통해 적극적으로 자아를 발견하고 실현함으로써 마음껏 보람을 느끼고 멋진 인생을 꾸려 나가는 것이 직장인의 기본자세이며, 그렇게 되도록 전력을 기울여야 하는 것이다.

2) 몸가짐

우리의 모든 행동의 기본은 몸가짐이다. 앉고 걷는 모든 몸가짐을 바르게 해야 다른 행동도 바르게 된다. 직장이라는 새로운 환경에서 생활을 시작하면 이런 경우에는 어떠한 몸가짐을 해야 옳은지 몰라 이따금 당황할 때가 있다. 이것은 직장 생활에 익숙하지 않기 때문일 뿐 가정이나 학교에서 배운 기본 몸가짐에 따르면 크게 어긋날 것은 없다. 다만 직장에서는 상급자와 하급자, 동료와의 어울림이 빈번하므로 항상 공손하고 진지하며 단정한 몸가짐을 하고 있나 의식할 필요가 있다. 다산(茶山) 정약용(丁若鏞)은 "발은 무겁게 하고 손은 공손하게 가지며, 입은 다물고 머리는 곧게 하며, 눈은 단정하게 하고 인상은 정숙하게 하라."고 몸가짐에 대해 가르치고 있다. 그러나 무엇보다도 예스러운 마음가짐을 가져야 꾸밈이 없고 진실한 몸가짐이 자연스럽게 드러난다. 즉 스스로 예를 갖추면 그 몸가짐도 저절로 예스러워지는 것이다. 단정하고 우아한 몸가짐을 가진 사람에게서는 인품이 저절로 드러나 보이며, 몸가짐이 바르고 정중한 사람과 함께 생활하면 편안하고 안정감이 들기 마련이다.

"예절은 사람을 만든다."는 말과 같이 평소부터 올바른 몸가짐이 몸에 배면 직장 생활을 원만히 이루어 나갈 수 있으며 기대에 어긋나지 않는 훌륭한 직장인으로 성장해 나갈 수 있을 것이다. 또한 직장인이 갖추어야 할 몸가짐이란 조직인으로서의 자기 관리에 다름이 아니며, 이는 곧 조직원과의 대인관계로 이어진다는 사실을 깊이 인식해야 한다.

3. 절도 있는 근무

1) 출근과 퇴근

일반적으로 회사의 근무 시간은 오전 9시에서 오후 6시까지로 정하고 있다. 그렇다고 해서 오전 9시 정각에 사무실에 도착하여 오후 6시 정각에 일손을 멈추라는 것은 아니다. 오전 9시부터는 일을 시작하여야 하기 때문에 그 시각 이전에 회사에 도착하여 일할 준비를 갖추고 있어야 한다. 또 오후 6시에 일을 마친다면 6시 이후부터 퇴근 준비에 들어가야 하는 것이다.

이러한 출근과 퇴근 시간 개념을 잘못 이해하여 업무 개시 직전에 아슬아슬하게 회사에 도착하거나 6시 정각이 되자마자 퇴근하는 사원이 있는데, 이는 하루의 첫출발부터 차질을 빚는 것이요, 그날 하루를 제대로 마감하지도 못하는 것이다.

다음은 출근과 퇴근에 관한 예절이다.

① 적어도 근무 시작 15분 전까지는 출근하여 여유를 가지고 근무에 필요한 준비를 한다.

② 주위 사람들에게 밝고 친절한 인사를 먼저 한다. 서로 간의 정겨운 인사는 명랑한 직장 분위기를 이룬다. 만일 일을 시작하기 바로 직전에 출근했다면 주위의 눈치를 살피게 되어 인사도 제대로 못하게 된다. 그러면 예절을 모르는 사람으로 인정되기 쉬워 스스로 불안해지며, 따라서 일의 능률도 올릴 수 없고 아침부터 좋지 않은 기분으로 일하게 된다.

③ 근무 복장이 따로 있으면 복장을 바꾸어 입고 주변 정리 등 근무 준비를 차분히 한다.

④ 근무 시간이 끝난 뒤에 정리 정돈을 한다. 근무 시간이 끝나기 전부터 퇴근 준비를 서두르는 것은 함께 일하는 사람들에게 미안한 일일뿐더러 볼썽사납기도 하다.

⑤ 오늘 한 일을 점검하고, 내일 할 일을 메모해 둔다.

⑥ 의자를 책상 밑으로 반듯하게 밀어 넣어 주변을 깔끔하게 정돈한다. 일거리를 책상 위에 늘어놓은 채로 퇴근하면 뒤처리를 잘 할 줄 모르는 사람으로 여겨진다.

⑦ 상사에게 필요한 보고를 하고 퇴근한다. 상사나 동료가 바쁠 때에는 "먼저 퇴근하게 되어 죄송합니다.", "부득이한 약속이 있어 먼저 퇴근합니다." 등의 인사말을 하는 것이 예의이다.

2) 지각과 조퇴

아침 시간은 매우 중요하다. 아침 조회나 회의 등을 통해 상사로부터 지시나 명령을 받고 부서 간의 업무 협의가 있다. 모든 공식적인 모임을 마치고 일을 하려고 할 때 혼자서 멋쩍은 표정으로 슬그머니 자기 자리에 가 앉는 사람은 주위로부터 불신을 사게 되며 무책임한 사람으로 여겨진다. 또 신병이나 그 밖의 부득이한 이유로 근무 시간 중 조퇴해야 할 경우가 있는데, 이때에는 반드시 절차와 허락을 받도록 한다.

다음은 지각이나 조퇴 시 취해야 할 예절이다.

① 때때로 예상하지 못한 사정으로 출근 시간에 늦어질 수 있다. 사정이 어떻든 간에 지각할 것 같은 때에는 반드시 직장에 연락을 취해야 한다. 지각을 알리는 전화를 할 때에는 먼저 사과와 함께 사유를 간단히 말하고 출근 예정 시간을 보고한다.

② 지각 시 걸리어 올 거래처 전화나 손님 내방이 있을 경우에는 동료에게 협조를 요청하여 사전 조치를 취한다.

③ 지각했을 때에는 상사에게는 물론 동료에게도 "늦어서 죄송합니다."고 인사를 한 뒤 자기 자리에 가 앉도록 한다.

④ 조퇴를 할 경우에는 업무 마무리에 최선을 다하며, 하던 일은 상사의 지시를 받아 처리를 하고 간다.

3) 휴가와 결근

사원의 갑작스런 결근이나 휴가는 업무에 막대한 지장을 가져다준다. 그러므로 결근이나 휴가를 해야 할 때는 회사로부터 사전에 승낙을 받도록 한다. 갑작스러운 일이 생겨서 부득이 결근을 해야 할 때는 전화나 그 밖의 경로를 통해서 회사에 알리고 사후에 결근계를 제출하도록 한다.

결근이나 휴가의 경우 며칠 출근했다가 쉬고 다시 출근했다가 그 다음날 또 쉬는 단속적인 결근은 정당한 사유라 해도 그렇게 해서는 안 된다. 그럴 바에는 차라리 연속적으로 며칠 계속 쉬는 것이 회사에 도움이 된다.

4) 이석과 외출

근무 중 자리를 뜰 때는 반드시 상사나 옆 자리에 있는 사원에게 말해야 한다. 오랜 시간 멋대로 자리를 비우는 것은 용납되지 않는다. 또한 공연히 자리를 비우는 것은 업무의 흐름을 중단시키는 행위이다.

이석 시와 외출 시에는 행선지와 용건 등을 분명히 밝혀 두어야만 누가 물어 보아도 서슴지 않고 대답해 줄 수가 있다.

다음은 이석과 외출 시의 행동 예절이다.

① 목적지나 행선지, 용건, 소요 시간이나 귀사 시간을 반드시 상사에게 알려야 한다. "잠깐 나갔다 오겠습니다."라는 말은 비즈니스 세계에서는 통하지 않는다. 1, 2분밖에 걸리지 않는 용건 따위는 굳이 그럴 필요는 없지만, 적어도 외출일 경우에는 시간이 길건 짧건 간에 상사의 허락을 받아야 한다.

② 적어도 30분 이상 자리를 비울 때는 책상 위를 말끔히 정리해야 한다. 여기저기 흩어진 서류가 다른 사원의 서류와 섞이거나 쓰레기통에 휩쓸려 들어가는 경우가 있기 때문이다.

③ 외출한 곳에서 시간이 지연되면 전화로 연락한다. 방문한 곳에서 용무가 길어지거나 만날 사람이 부재중이어서 시간이 지체되는 경우가 있다. 이런 경우에는 그 사실을 회사에 연락하여 궁금해 하지 않도록 한다.

④ 일을 끝내고 집으로 직접 귀가할 때도 반드시 회사에 전화를 건다. 이렇게 해야만 회사로부터 긴급 지시를 받을 수 있으며, 그날의 활동 상황도 보고할 수 있다.

5) 출 장

출장이란 아무런 목적 없이 떠나는 여행이 아니라 회사의 직무 수행이라는 목적을 가지고 떠나는 여행이다. 따라서 출장을 갈 때는 언제나 자기 회사를 대표하여 간다는 긍지를 가지고 일반 여행을 떠날 때보다 더욱 공중도덕을 지키며 예의 바른 행동을 하겠다는 마음가짐을 가져야 한다.

다음은 출장 시의 유의사항이다.

① 출장을 갈 때는 여행 목적을 정확히 파악하고 사전에 치밀한 출장계획을 세워야 한다.

② 출장 명령을 받았을 때는 출발 전에 반드시 언제부터 언제까지 며칠 동안 출장을 가게 되었다는 사실을 상사나 동료에게 알리는 것이 예의이다. 상사로부터 빠뜨린 사항이나 추가 지시가 있을 수 있으며, 동료들에게는 자신의 출장기간 동안 업무에 지장이 없도록 하여 폐를 끼치지 않게 될 것이다.

③ 목적지에서의 일정표를 작성하고, 업무 수행에 필요한 서류나 지식을 준비한다. 일정표를 짤 때는 상사나 선배, 동료의 의견이나 도움을 청하는 것이 바람직하며 예절 바른 마음가짐이다.

④ 여행을 떠나기 전에 반드시 휴대품을 점검한다. 여행 중에 필요한 것은 빠짐없이 준비하되 가급적이면 부피가 나가지 않도록 요령 있게 준비한다.

⑤ 복장은 되도록 간편하고 활동적인 것이 좋다.

⑥ 며칠 동안 목적지에서 체류해야 할 경우에는 미리 숙소를 예약하지만, 그렇지 못한 경우에는 도착하는 즉시 숙소를 정하는 것이 회사와의 연락 등 여러 모로 좋다.

⑦ 차표나 비행기표 등은 가급적이면 왕복표를 미리 구입하는 것이 훨씬 경제적이며 안전하다. 만약 도중에 계획이 변경된 경우에는 지체 없이 회사에 연락해야 한다.

⑧ 정해진 출장기간 안에 목적을 완수하였을 때는 남은 시간을 유익하게 활용하도록 한다.

⑨ 출장에서 돌아오면 우선 상사에게 구두나 전화로 보고하고 차후

에 공식 보고서를 제출해야 한다.

6) 절도 있는 근무매너

30분 이상 지각 시 도중에 연락을 취한다.

- 지각 전화는 먼저 사과와 함께 사유를 말한 다음, 거래처에서 걸려올 전화가 있거나 손님 내방이 있을 시에는 협조를 요청하여 사전 조치를 취한다.
- 회사에 도착해서는 상사에게 사과의 인사를 드리고, 동료에게도 미안하다는 의사 표시를 한다.

  조퇴는 사유를 보고하고 허가를 받는다.
- 조퇴시간 전까지 그날 처리해야 할 업무 마무리에 최선을 다한다.
- 마무리를 짓지 못한 일은 상사의 지시를 받아 동료에게 인계하는 등의 후속 조치를 취한다.

  외출 시에는 상사의 허가를 받는다.
- 업무상 외출 시에는 행선지, 목적, 소요 시간을 상사에게 보고하고 허가를 받는다.
- 외출 시에는 책상을 간단히 정리하고 서류를 서랍 속에 넣어 둔다.
- 외출 장소에서 용건이 길어져 귀사가 늦어질 경우에는 전화로 사정을 보고한다.

  갑자기 결근할 경우 속히 연락을 취한다.
- 갑작스럽게 결근을 하게 될 때는 상사에게 조속히 연락을 하여야 한다. 본인이 전화를 하지 못할 사정이 있는 경우에는 가족이나 주위 사람에게 부탁한다.
- 결근 이튿날 출근을 하면 결근계를 제출한다.

아슬아슬한 출근. 매일 아슬아슬하게 회사에 도착하는 직장인은 그날 하루의 업무도 허겁지겁 치러내게 된다. 적어도 근무 시작 15분 전까지는 출근하여 여유를 가지고 근무에 필요한 준비를 한다.

중식시간이 지났는데도 잡담 . 중식시간이 훨씬 지났는데도 빙 둘러서 한창 이야기에 정신이 팔려 있는 모습은 보기에도 안 좋을 뿐더러 일하고 있는 다른 직원에게도 방해가 된다. 중식시간을 지켜 근무하여야 하며, 휴식시간과도 구분할 줄 알아야 한다.

퇴근시간 전 퇴근 준비 . 퇴근시간 전에 부랴부랴 퇴근 준비를 서두르거나 안절부절못하는 태도도 금물이다. 오늘 할 일은 오늘 끝내는 것이 원칙이며, 지시받은 업무를 끝내지 못할 때는 퇴근 전에 보고를 해야 한다. 또 다음날 해야 할 일을 체크해 두는 습관을 기르도록 한다.

인사 없이 퇴근 . 상사와 동료에게 업무 사항을 보고하거나 인계한 다음 인사를 하고 퇴근한다. 상사나 동료가 바쁠 때에는 "약속이 있어 먼저 퇴근합니다.", "먼저 퇴근해서 죄송합니다."라는 말을 하는 것도 하나의 근무 예절이다.

7) 신뢰받는 근무 자세

직장에서 일을 할 때는 모든 일에 능률적이며 생산적인 자세가 필요하며, 따라서 늘 새로운 방법을 연구하여 자신의 능력을 계발하는 데 힘써야 한다. 그런데 그보다 직장에서 제일 중요한 점은 '그 사람이면 이 일을 맡길 수 있다.'고 주위로부터 신뢰받는 일이다. 그렇다면 어떻게 해야 직장이라는 조직 사회의 한 구성원으로서 신뢰를 받을 수 있을까? 그것은 쉽고도 간단한 일에 달려 있다. 즉 근무 자세

가 바른 사람은 누구에게나 믿음과 호감을 사는 것이다. 근무 자세의
대표적인 것으로 인사 자세, 서고 앉고 걷는 등의 행동 자세, 정리와
정돈 자세에 대하여 알아본다.

8) 인사의 생활화

인사 예절의 전반적인 사항에 대해서는 '기본예절' 편에서 이미 언
급했으므로 여기서는 직장에서의 근무 자세라는 측면에서 다시 한 번
더 강조하여 살펴보기로 한다.

'인사는 직장 생활의 윤활유'라고 한다. 직장은 나이, 사고방식, 경
험이 서로 다른 사람들끼리 모여 함께 일을 하는 곳인 만큼 업무 능
률은 인간관계가 원활할 때 극대화된다. 그리고 인간관계가 원활할
때 분위기도 명랑하고 유쾌해진다. 그렇다면 인간관계를 원활히 하는
것이야말로 직장 생활의 요체라 할 것인데, 그 출발점이 바로 존경과
감사의 마음이 깃든 인사인 것이다. 요컨대 직장인에게는 인사의 생
활화가 근무 자세의 첫걸음이다. 다음은 직장인이 생활화해야 할 인
사의 경우를 나타내 본 것이다.

〈인사의 생활화〉
- 인사는 마음의 문을 여는 열쇠
- 상사가 지나갈 때는 인사를
- 피해를 주거나 실수했을 때 인사를
- 지각, 결근 때는 사과의 인사를
- 외출, 출장 갈 때도 인사를

- 출장에서 돌아오면 격려의 인사를
- 퇴근 때에도 인사를
- 휴가 때도 정중하게 인사를

앞에서 '인사는 직장 생활의 윤활유'라고 했는데, 한 가지 표현을 더 들면 '인사는 마음의 문을 여는 열쇠'이기도 하다. 출근하면서 "안녕하십니까?", "좋은 하루 되시기 바랍니다."라고 밝은 얼굴에 활발한 목소리로 인사하고, 일과 중에도 "감사합니다.", "죄송합니다."라고 바르고 정중하게 인사하며, 퇴근하면서는 "먼저 실례하겠습니다.", "먼저 가겠습니다."라고 인사하는 그 순간 상대방의 마음은 저절로 열리는 것이다.

그런데 인사를 잘못하면 도리어 받는 사람이 불쾌히 여길 수도 있으니 인사할 때는 다음과 같은 점에 유의하도록 한다.

① 인사는 누구에게나 한다.

② 인사는 먼저 보는 사람이 먼저 한다.

③ 윗사람은 반드시 답례를 한다.

④ 시선을 상대의 눈에 맞춘 다음 고개를 숙여 인사한다.

⑤ 인사말은 바르고 정확한 발음으로 끝까지 해야 한다. 얼버무리는 인사는 상대에게 성의가 없다는 인상을 준다.

⑥ 윗사람이 계단을 올라올 때는 벽 쪽에 붙어서 멈춘 다음 고개를 숙여 인사한다.

⑦ 머리만 까닥거리는 인사는 상대에게 도리어 거부감을 준다.

⑧ 턱만 올리는 인사는 상대로 하여금 자신이 무시당했다는 생각이 들게 한다.

⑨ 목덜미가 보일 정도로 지나치게 허리를 굽혀 인사하는 것은 도

리어 무례하다는 인상을 상대에게 준다.

⑩ 여성의 경우 발뒤꿈치와 무릎이 많이 벌어지지 않도록 한다.

⑪ 고개를 옆으로 돌리는 인사도 금물이다.

9) 근무 중의 행동 자세

근무 중의 행동 자세가 늘 바르고 좋은 사람은 그것만으로도 호감을 주고 신뢰감을 준다. 반대로 행동 자세가 흐트러지고 나쁜 사람은 좋지 않은 인상을 줄 뿐만 아니라 업무의 능률도 오르지 않는다. 근무하는 동안 행동 자세를 정확하게 유지하는 것이 주위 사람에게 아름답게 보이고 업무의 능률도 올리는 지름길이 된다. 근무 중의 행동 자세로 서고, 앉고, 걷는 자세와 계단을 오르내릴 때, 실내에 드나들 때, 물건을 다룰 때의 자세를 알아본다.

(1) 선 자세

① 등을 똑바로 편다.

② 턱을 당기고 시선은 앞쪽을 향한다.

③ 무릎을 펴고 발끝을 모은다.

④ 손은 몸에 자연스럽게 붙인다. 여성은 손을 앞으로 모으고 한쪽 다리에 중심을 둔 채 다른 다리를 모으면 세련되게 보인다.

(2) 앉는 자세

① 긴 안락의자에 앉을 때는 의자의 왼쪽으로부터 앉는다. 이때 허

리와 가슴을 펴고 의자 깊숙이 안정하게 앉는다. 두 무릎은 단정히 모아 붙이고 두 손을 가볍게 무릎 위에 놓는다. 여직원의 경우는 무릎과 다리를 모아 붙이고 옆으로 비스듬히 뻗는다.

② 사무용 책상을 마주하고 의자에 앉을 때는 등받이와 등 사이에 주먹 하나 정도의 간격을 두고 깊이 바로 앉는다. 책상과 윗몸 사이는 적당히 띄우고 등받이에 기대지 않는다.

(3) 걷는 자세

① 등을 곧게 세우고 어깨의 힘을 뺀다.
② 무릎을 곧게 펴고 배를 당기고 중심을 허리 높이에 둔다.
③ 턱을 당기고 눈은 자연스럽게 앞을 본다.
④ 걷는 방향이 직선이 되도록 한다.

(4) 사내 통행

① 복도 통행은 조용히 그리고 빨리 한다.
② 복도에 서서 긴 이야기를 나누거나 걸어가면서 큰 소리로 이야기하지 않는다. 또 멀리 있는 사람을 큰소리로 부르지 않는다.
③ 모퉁이를 돌 때는 부딪치지 않도록 왼쪽이나 오른쪽으로 작게 돌아서 걷는다.
④ 복도에서 상사와 마주쳤을 때는 한쪽으로 비켜 선 다음 가볍게 목례를 하며 상사가 지나간 다음에 계속 걷는다.
⑤ 부득이한 사정으로 상사를 앞질러 가야 할 때는 반드시 "실례하겠습니다."라고 작은 목소리로 말한다.

(5) 계단을 오르내릴 때

① 계단을 오르내릴 때는 뛰어다니지 않는다.

② 계단을 오를 때는 남성이 먼저, 내려갈 때는 여성이 앞서도록 한다. 그러나 여사원이 손님을 안내하여 계단을 오를 때에는 손님의 왼쪽 서너 계단 앞에서 가끔 발밑을 확인하며 오른다.

③ 상사와 함께 계단을 오를 때는 상사를 먼저 오르도록 하여 뒤따르는 것이 예의이다.

(6) 근무 중 피해야 할 행동

- 의자에 기댄 채 몸을 흔든다.
- 손님 앞에서 잡담을 한다.
- 책상 위에 걸터앉는다.
- 담배를 피우면서 일한다.
- 비스듬히 앉아 일한다.
- 남이 보는 데서 화장을 고친다.
- 다리를 꼬고 앉는다.
- 귀를 후비거나 손톱을 깎는다.

10) 정리와 정돈

사무 능력을 높이기 위해서는 무엇보다 자기 주변을 잘 정리하고 정돈해 두어야 한다. 주변이 어지럽고 산만하면 일을 처리함에 있어서도 무엇을 빠뜨린다거나 실수가 잦다. 또 필요한 물품을 찾느라고 시간을 허비하기도 하고 주위 사람에게는 폐를 끼치게 된다. 또한 자신의 책상 앞에서 허둥거리는 것은 무능함을 증명하는 셈이 된다. 정리와 정돈은 능률과 직결된다는 것을 명심하자.

① 책상을 보면 사용자의 성격, 일하는 태도를 알 수 있다.

② 책상 위에는 반드시 필요한 물건, 용품, 자료만 놓는다.

③ 책상 서랍은 사용하기 편리하게 정리 정돈해 둔다. 위 칸에서 아래 칸, 앞쪽에서 뒤쪽 순으로 사용 빈도에 따라 서랍을 정돈한다.

④ 캐비닛의 서류를 사용할 때에는 항사 정해진 장소나 위치에 놓는 습관을 기른다. 동료의 사용 편의도 고려한다.

⑤ 퇴근 시에는 서류와 자료를 원 위치에 갖다 놓고 깨끗이 정리한다. 의자는 책상 안으로 밀어 넣고, 책상 줄도 맞춰 놓는다.

11) 사무실 환경 가꾸기

사무실을 깨끗하게 하기 위해 직원마다 신경을 기울이면 직장 분위기가 한층 밝고 명랑해져서 사무 능률이 향상될 것이다. 회사에 따라서는 청소를 전담하는 사람을 두기도 하는데, 어느 경우이든 청소는 남이 해 주는 것이라고 생각해서는 안 되며 자신의 주위는 스스로 깨끗이 치우는 마음가짐이 필요하다. 주변을 깨끗이 정리 정돈하는 것은 자신이 모시고 일하는 상사, 또는 그곳을 지나다니는 동료들에 대한 배려이자 예의이다.

〈정리, 정돈 체크리스트〉

✘ 책상 위에 사적 용품이나 물건을 둔다.

: 책상을 보면 사용자의 성격이나 일하는 태도를 알 수 있다. 책상 위에는 반드시 필요한 물건, 용품, 자료만 놓는다. 책상과 주변을 정리 정돈해 두는 것은 함께 일하는 상사와 동료, 또는 회사를 내방하는 사람들에 대한 배려이자 예의이다.

✗ 항상 물건만 찾는다.

: 책상 서랍은 사용에 편리하게 정리 정돈한다. 서류의 중요성과 물품의 사용 빈도에 따라 서랍의 위치를 정하고, 위 칸에서 아래 칸, 앞쪽에서 뒤쪽 순으로 정리한다. 맨 위 칸에는 문구류를 넣고, 두 번째에는 노트, 봉투 등을 넣으며, 맨 아래 서랍에는 서류철을 보관한다. 서류와 자료를 독차지한다.

: 공동으로 사용하는 캐비닛의 서류를 이용하거나 공람하는 도서 자료 등을 이용할 때는 필요한 일을 마친 뒤 항시 정해진 장소나 위치에 놓는 습관을 들인다. 다른 사람이 사용할 경우를 고려하는 것이 직장인의 예의이다.

✗ 일하던 상태로 퇴근한다.

: 이석 시에는 의자를 책상 안으로 밀어 넣는다. 퇴근 시에는 서류와 자료를 원 위치에 놓고 책상을 깨끗이 정리하며, 책상 줄도 맞추어 놓고 퇴근한다.

4. 직장인의 옷차림. 몸치장

1) 직장인의 옷차림. 몸치장

옷차림과 몸치장으로 사람을 판단하는 것은 자칫 선입견에 좌우될 수 있다. 그러나 사람의 첫인상은 그 사람의 옷차림과 몸치장에 따라 흔히 좌우되기도 한다. 옷차림과 몸치장이 의사 표시의 하나이기 때문이다. 우리는 옷차림과 몸치장에서 그 사람의 직장, 생활, 환경, 성격, 취미, 교양을 엿보는 것이다. 따라서 우리가 일상생활에서나 직장생활에서 옷차림과 몸치장에 주의한다는 것은 단순히 멋을 부린다는 것이 아니라 품위를 갖춘다는 말이기도 하다. 값싼 옷이라도 깨끗하고 단정하게 차리는 것이 예의이며 상식이다. 나아가 세련된 옷차림이란 최첨단의 유행을 따르는 것이 아니라 자기에게 어울리는 옷을 맵시 있게 차려 입는 것을 말한다.

직장인 가운데 특히 여성들 중에는 지나치게 화려하고 사치스러운 옷차림과 몸치장을 하여 주위의 눈총을 받는 사람이 있다. 이러한 과시욕 내지 현시욕은 자신의 품격을 떨어뜨릴 뿐 아니라 회사의 이미지를 낮출 염려가 있다. 직장인은 직장인답게 단정하고 소박하고 활동성 있는 차림과 치장을 하는 것이 자연스럽다 하겠다. 멋을 잘 부리는 사람이란 무엇보다도 때와 장소에 따라 자기에게 어울리는 차림과 치장을 하는 사람이다.

(1) 직장인의 복장 체크 포인트

① 체크 포인트(남성)

- 양복: 자신의 체형에 맞추어 색상과 무늬를 골라 입으면 체형의 결점을 상당 부분 보완할 수 있다.
- 와이셔츠: 정통 비즈니스 정장에는 흰색 와이셔츠가 무난하다.
- 넥타이: 벨트의 버클을 약간 덮을 정도의 길이가 적당하다.
- 구두: 양복 색깔과 맞추는 것이 좋다. 감색 양복에는 검정 구두가 어울린다.
- 양말: 바지나 구두 중 색이 진한 쪽으로 택한다. 흰색 양말은 정장 시 신어서는 안 된다.
- 벨트: 양복과 어울리는 색상을 택한다.

② 체크 포인트(여성)

- 스커트: 사무실에서는 지나치게 짧은 스커트는 피한다.
- 블라우스: 화려한 색상은 피한다. 무늬가 없는 천으로 된 것이 무난하다.
- 스타킹: 화사한 색상이 좋지만 무늬가 들어 있는 것은 피한다. 주름이 잡히거나 올이 터지지 않도록 세심한 신경을 쓴다.
- 구두: 자신의 걸음걸이를 균형 있게 유지해 주어야 한다. 출근 후 사무실에서 샌들로 바꾸어 신는 것은 결례이다. 부득이 바꾸어 신어야 할 경우 굽이 낮고 편한 정장용 구두를 마련한다.
- 액세서리: 간결한 것을 택한다.

2) 남성의 옷차림과 몸치장

(1) 옷차림

직장에서의 복장은 자신의 품위와 기업의 이미지를 아울러 나타내므로 장소와 때를 구분하여 선택해 입는 것이 직장인의 복장 매너이다. 단정하고 청결하게 옷차림을 갖추는 것은 물론 회사의 분위기를 흐리지 않는 선에서 기능과 색상의 조화 등에 신경을 써야 한다. 유니폼을 입는 경우에는 사유물이 아니므로 회사의 이름이나 심벌마크 등이 손상되거나 떨어지지 않도록 주의한다. 남성의 경우는 양복(비즈니스 정장)에 와이셔츠와 넥타이 차림이 가장 일반적인 근무 복장이다.

① 양복(사무용 정장)

㉠ 직장인이 지나치게 유행에 집착하는 것은 좋지 않다. 회사의 사풍을 손상시키지 않는 범위에서 기능적이고 품위 있는 사무용 정장(Business Suit)을 입는다.

㉡ 검정색이나 감색을 기본으로 하여 자신의 체형과 피부색에 어울리는 것을 선택해 입는다. 화려한 원색은 피하며, 재질이 유난스러운 것이라든가 너무 눈에 띄는 디자인도 삼가도록 한다.

㉢ 바지는 줄이 잘 서 있어야 한다.

㉣ 바지의 길이는 서 있을 때 단이 구두 등에 가볍게 닿는 정도가 좋으며, 소매 길이는 손등 위로 알맞게 얹힐 정도로 한다.

㉤ 양복을 오래도록 입는 비결은 같은 옷을 매일 입지 말고 두 세 벌을 준비하여 번갈아 입는 것이다.

② 와이셔츠

㉠ 비즈니스 정장에는 흰색이 기본이다. 와이셔츠란 드레스 셔츠 (Dress Shirt)를 일컫는 것으로, 이는 일본인들이 흰색 셔츠 (White Shirt)를 와이셔츠라 발음한 데서 생겨난 잘못된 표현이다.

㉡ 와이셔츠의 사이즈는 목둘레와 소매 길이로 측정하는데, 목 부분과 손목 부분이 1~1.5㎝정도 보이도록 하여 재는 것이 올바른 방법이다.

㉢ 상의 뒤쪽 깃으로부터 1㎝ 정도 나오게 한다. 단정하게 보일 뿐만 아니라 상의의 깃을 더럽히지 않기 위해서다.

㉣ 넥타이로 목 언저리를 꼭 매고, 깃을 V자형으로 만들고 있으면 늠름함이 강조된다.

③ 넥타이

고대 로마 시대의 군인이 사용한 양모 목도리 포칼(focal)이 넥타이의 최초 형태라 하나, 직접적인 기원은 크라바트(cravate)이다. 이는 크로아티아 기마병들이 목에 감은 선명한 빛깔의 천을 프랑스인들이 본뜬 것으로, 17세기 중엽 프랑스 상류 사회에 등장하여 유럽 남성복에 일반화되었다. 넥(neck)과 타이(tie)의 복합어인 넥타이(necktie)라는 용어는 1830년경부터 쓰이기 시작하였으며, 영국 신사들에 의해 넥타이 매는 법이 고안되어 19세기 말에는 더비타이(Derby tie)와 포인핸드(Four-in-hand)라는 현대적인 모양의 넥타이로 발전하게 되었다.

㉠ 넥타이를 맨 길이는 벨트의 버클을 약간 덮을 정도가 적당하다. 이보다 짧으면 여유가 없어 보이고, 길면 느슨한 느낌을 준다. 넥타이의 길이가 적당한가 살필 때는 내려다보지 말고 거울에 비춰 보는 것이 정확하다.

ⓛ 넥타이의 폭은 상의의 깃과 폭이 같은 것으로 선택하는 것이 좋다. 깃이 넓은 넥타이는 매듭 밑에 움푹한 주름을 만들어 주어 악센트를 주는 것이 맵시 있다.

ⓒ 넥타이의 색깔은 양복과 동일 색이 무난하며, 보색 계통으로 조화를 이룬다면 화려한 매치가 된다. 자주색 계통 넥타이는 활기 있고 적극적이며 믿음직스러운 인상을 준다.

ⓔ 조끼를 입을 때는 넥타이가 조끼 밑으로 나와서는 안 된다.

ⓜ 넥타이핀은 장식용인 경우 검은색이나 흰색 진주가 좋다. 조끼를 입지 않았을 때 하는 클립식 넥타이핀은 금색으로 단순한 형태의 것이 좋다.

〈무늬에 따른 넥타이의 종류〉

* 스트라이프: 군기의 모습을 딴 것으로, 일반적으로 가장 많이 맨다.

* 레지맨틀: 보통 2~3색을 이용한 줄무늬 넥타이로, 영국 연대기의 줄무늬를 디자인한 것이다.

* 로열 크레스트: 스트라이프 무늬가 들어가 있는 것.

* 크레스트: 클럽타이라고도 부르며, 규칙적인 문양이 들어가 있는 것.

* 플랫: 잔무늬의 넥타이

* 도트: 물방울무늬 넥타이. 물방울 크기에 따라 분위기가 완전히 다르다.

* 페이즐리: 아메바 무늬라고도 하는 다채롭고 복잡한 무늬.

* 솔리드: 단색의 무늬 없는 넥타이로서, 주로 공식석상 같은 품위 있는 모임에 어울린다.

④ 구　두

구두는 이내 더러움을 타므로 각별히 신경을 써야 한다. 남자의 깔끔함은 구두로 나타난다는 말도 있으므로 늘 광택이 잘 나도록 닦아 신도록 한다. 출근하고 나서 슬리퍼로 바꾸어 신기도 하는데, 경우에 따라서는 자칫 눈에 거슬려 보이기 쉽다. 특히 잠시라도 회사 밖으로 나갈 때는 반드시 구두로 갈아 신도록 한다.

㉠ 구두는 발에 부담을 주지 않는 것을 우선적으로 선택한다.

㉡ 구두의 색깔은 양복 색깔과 맞추는 것이 좋다. 검정색이나 짙은 갈색이 일반적이다.

㉢ 직장에서 캐주얼화는 가능하면 피한다.

㉣ 구두는 두 켤레 이상 준비해 신는 것이 세련되게 오래 신는다.

⑤ 양　말

㉠ 양말은 색상에 특히 신경을 써야 한다. 흔히 바짓단에 가려 보이지 않겠거니 해서 소홀히 여기는 경우가 많은데, 바지나 구두의 색상과 같은 계통의 양말을 신는 것이 좋으며 검정색이 가장 무난하다. 정장에 흰색 양말은 절대 금물이다.

㉡ 목이 짧은 양말은 품위를 떨어뜨리게 된다. 앉은 자세에서 다리 살이 드러나서는 안 된다.

⑥ 벨　트

㉠ 양복과 어울리지 않는 색상의 벨트는 피하며, 특정 회사의 로고가 두드러진 것은 품위를 손상시킨다.

㉡ 지나치게 폭이 넓거나 버클 모양이 요란한 것은 피한다.

(2) 몸치장

① 머 리
  ㉠ 앞머리는 이마를 가리지 않도록 한다.
  ㉡ 옆머리는 귀를 덮지 않도록 한다.
  ㉢ 뒷머리는 와이셔츠 깃을 덮지 않도록 한다.
  ㉣ 자주 빗질하여 단정한 머리 모양을 유지한다.

② 얼 굴
  ㉠ 수염이 길어서는 안 되며 매일 면도를 한다.
  ㉡ 코털이 자라나 밖으로 보이지 않도록 한다.
  ㉢ 미소 띤 밝은 얼굴을 한다.

③ 손
  ㉠ 일을 하다 보면 잉크나 인주 등이 묻어 손이 더러워지기도 하는
데 그때마다 씻어 항상 청결을 유지한다.
  ㉡ 손톱을 짧게 깎고, 손톱 밑에 때가 없도록 한다.

〈용모 매너 체크리스트〉
남자직원 / 여자직원
- 충혈된 눈 / 요란한 머리 모양
- 잠잔 흔적이 남은 머리 / 야하고 화려한 화장
- 덥수룩한 수염 / 눈을 가리는 긴 머리
- 길게 자란 코털 / 화려한 액세서리
- 지저분한 손톱 / 긴 손톱, 빨간 매니큐어
- 비뚤어진 넥타이 / 검정색 또는 무늬 스타킹

5. 직장인의 대화 예절

직장인에게 가장 중요한 것은 인간관계이다. 어떤 일이든 혼자서 할 수 있도록 되어 있는 일은 없다. 다른 사람들과의 협동과 교섭은 직장 생활에서 반드시 필요하다. 그러려면 먼저 원활한 의사소통이 전제되어야 한다. 의사소통의 기본은 대화이다. 대화가 없으면 의사소통은 이루어질 수 없다. 그런데 대화란 생각보다 쉽지 않다. 대화를 할 때는 상대에 따라 호칭과 말씨가 달라져야 하고, 나타내려는 의사에 따라 말 쓰임이 달라져야 하기 때문이다. 특히 여러 다른 사람들이 모여 일하는 직장에서는 윗사람이든 아랫사람이든 대화의 예절을 잘 지켜야 인간관계가 원활해지며, 그럼으로써 업무가 보다 효율적으로 수행될 수 있다.

대화 예절에서 우선 갖추어야 할 것은 고운 말과 바른 말씨이다. 그러나 대화를 훌륭히 한다는 것은 정확하고 아름다운 말씨로 물 흐르듯 이야기하는 것만을 가리키지 않는다. 앞에서 예절의 실제는 마음속에 있다고 말했듯이, 대화를 할 때는 상대방의 입장에서 생각하는 자세가 선행되어야 한다. 처지를 바꾸어 생각한다는 '역지사지(易地思之)'라는 말이 곧 대화를 할 때 갖추어야 할 마음가짐을 정곡(正鵠)으로 일컫는 것이라 하겠다.

다음은 대화할 때 갖추어야 할 기본자세인데, 다른 무엇보다도 자연스러운 대화로 발전하도록 하는 것이 가장 중요하다.

첫째, 이야기의 시종이 논리 정연해야 한다. 줄거리 없이 이것저것 이야기를 꺼내다 보면 상대방을 혼란과 곤혹에 빠뜨리게 되고 결국에는 의사가 제대로 전달되지 않게 된다.

둘째, 처음부터 끝까지 분명한 목소리로 말해야 한다. 말끝을 흐리거나 우물쭈물하면 의사가 정확히 전달되지 않을뿐더러 상대방으로부터 신뢰를 얻지 못할 수도 있다.

셋째, 말의 속도를 적절히 유지한다. 한꺼번에 많은 말을 하려고 하면 안 된다. 급히 서둔다고 많은 내용을 전달하는 것은 아니다. 상대가 알아듣도록 차분하게 말해야 한다. 그렇다고 너무 느리게 말하면 상대방이 짜증을 낼 수도 있으니 늘 말의 속도에 유의한다.

넷째, 대화란 상대가 누구이든 상대를 이해하고 다가가려는 자세가 전제되는 만큼 상대의 의견을 존중하고 수용하려는 자세를 보여 주어야 한다. 상대방의 말이 마음에 들지 않거나 받아들일 수 없는 것이라 할지라도 딴청을 하고 비아냥거리는 등 성실하지 못한 자세를 보여서는 안 된다. 상대방에게 불쾌한 인상을 주면 상대방도 대화할 때의 예의 따위는 무시하게 될 것이다.

다섯째, 상대방이 말하는 내용을 충분히 이해하지 못한 경우에는 정중히 다시 물어서 확인해야 한다. 대화의 내용을 분명히 알아두어야 할 필요뿐만 아니라 나중에 오해의 소지가 없도록 해야 하기 때문이다. 직장 사회에서 "말했다.", "말하지 않았다." 식의 분쟁은 뜻밖에도 자주 일어난다. 한 번 그런 일이 있게 되면 당사자끼리의 의사소통과 인간관계 회복은 상당한 노력을 필요하게 된다.

〈대화 매너 체크리스트〉

✘ 대화 시 주위를 두리번거린다.

: 대화 시에 주위를 두리번거리며 시선을 분산시키면 침착하지 못한 사람이라고 생각되기 쉬우므로 피해야 할 태도이다. 또 시계를 자주 들여다보면 대화 자체에 관심이 없다는 것을 노골적으로 나타내는 것이므로 무심결에라도 시계를 들여다보는 행위는 있어서는 안 된다.

✘ 상대방을 뚫어지게 쳐다본다.

: 일반적으로 대화를 할 때는 상대방의 눈을 바라보며 이야기하라고 하지만, 비즈니스 사회에서는 어울리지 않는 태도이다. 상대방에게 도전적으로 보이며 건방진 인상을 주기 때문이다. 시선은 주로 상대방의 눈과 얼굴에 두고 가끔 가슴 쪽으로 이동하는 것이 좋다.

✘ 상대방이 꺼리는 화제도 서슴지 않는다.

: 사람은 감정을 가진 동물이기 때문에 순간적인 기분에 휩쓸리기 쉽다. 평소에는 대수롭지 않은 언동도 경우에 따라서는 크게 문제가 되는 일이 왕왕 있다. 대화를 나누다 상대방이 꺼리거나 싫어하는 기미가 보이면 즉시 다른 화제로 바꾸는 것도 대화를 자연스럽게 이끌어 가는 요령이다.

✘ 과장된 제스처로 열을 올린다.

: 대화의 내용에 필요 없는 동작은 하지 않는다. 자주 눈에 띄는 행동은 공연히 머리로 손이 가거나 다리를 떠는 경우이다. 이러한 동작이 버릇이 되어 있는 사람은 상대방에게 불쾌감을 주므로 되도록이면 빨

리 고치도록 한다. 또 지나치게 과장된 제스처는 도리어 대화에 지장을 준다.

1) 직장에서 대화할 때의 자세

대화는 상대방에게 자신의 의사를 가장 간편하고도 명확하게 전달하는 의사소통의 방법이자 상대방과 보다 좋은 인간관계를 맺는 수단이다. 실제로 사람들의 생활은 대부분 대화로 이루어진다고 할 수 있다. 직장에서도 당연히 대화가 주가 되기 마련이다. 간단한 인사말을 비롯하여 보고나 지시, 질문과 대답, 상담과 토의 등 모든 것이 대화에 의해 성립되고 있다. 대화에서 가장 중요한 것은 이야기의 내용을 정확하게 전달하는 것이다. 어떤 일을 하던 대화를 통해 자신의 생각을 명확하게 전달하여 상대방을 이해시켜야 한다. 특히 직장인으로서 훌륭하게 성공하기 위해서는 비즈니스 세계에서 통용되는 화법이나 바른 말 사용을 몸에 익혀 두지 않으면 안 된다. 때와 장소에 맞는 적합한 대화를 하고 있는지 자신이 사용하는 화법이나 단어에 대해 새로이 주의를 기울여 보도록 하자.

(1) 적절한 화법을 골라 쓴다.

직장인이라면 누구나 자신의 말이 상대방에게 정확히 전달되지 않거나, 그런 뜻으로 말한 것이 아니었는데 상대방으로부터 오해를 받거나 한 경험이 있기 마련이다. 반대로 상대방의 이야기를 잘못 알아듣거나 속단을 하여 실수하는 일도 있다. 자신이 알고 있는 내용이라고 해서 설명을 생략해 버리면 상대방에게 의사가 제대로 전달되지 않으며, 반대로 사정을 잘 알고 있는 사람에게 장황하게 일일이 설명하면 상대방을 지루하게 만든다.

그러므로 먼저 누구에게 무엇을 어떻게 이야기할 것인가를 생각하여 적합한 화법을 골라 써야 한다. 목소리가 너무 높아 듣기 거북하다거나 발음이 불명확하다는 이유만으로도 상대방에게 나쁜 인상을 주게 된다. 자신의 이야기를 상대방이 귀담아 들어 주길 바란다면 이러한 점에도 세심히 신경을 써야 한다.

(2) 때와 장소를 가려서 이야기한다.

같은 사람에게 이야기하더라도 때와 장소에 따라 화법을 바꿀 필요가 있다. 상사나 선배에게 간단한 전언을 전하는 경우라도 회의 중이거나 손님이 있는 경우에는 간결하면서도 격식을 갖춘 어조로 이야기하지 않으면 안 된다.

상대방의 상황을 생각하지 않고 일방적으로 이야기하려는 것은 이야기하는 쪽과 듣는 쪽이 있어야 대화가 성립된다는 기본적인 룰에 어긋난다. 일에 몰두해 있는 사람에게 그다지 급하지도 않은 일로 질문을 하면 노여움을 살 수 있다. "별로 화낼 만한 일도 아닌데" 하고 생각하겠지만, 이는 상대방의 상황이나 입장을 전혀 고려하지 않은 쪽의 잘못이다.

(3) 습관적인 말의 사용을 피한다.

습관적으로 말을 반복하여 사용하는 것만큼 듣기 거북하고 지루한 것도 없다. 이러한 말버릇은 다른 사람으로부터 지적받지 않는 한 본인은 눈치 채지 못하는 경우가 많다.

짧은 대화를 하는 가운데 "음~, 에~, 저~, 또~, 네네~, 결국~, 역시~, 어쨌든~, 아무쪼록~, 그래서~, 그러므로~, 그러니까~, 그래도~"와 같은 단어가 몇 번씩이나 반복되어 나오면 듣는 사람에게는 대화 자체가 고역이 될 수 있다. 또 이럴 경우 이야기 내용을 간결하게 전달하는 데 방해가 된다. 이처럼 자신도 의식하지 못하는 사이에 튀어나오는 말버릇이 있다면 테이프에 녹음해 체크하는 방법을 써서라도 의식적으로 고치도록 한다.

(4) 상대방이 이해하기 쉬운 말로 한다.

전문 용어, 업계 용어, 생략어 등을 사용하여 대화할 때는 서로가 그 의미를 잘 알고 있다는 것이 전제되어 있어야 한다. 방문객과 이야기할 때는 특히 이 점을 신경 써야 한다. 사내에서 통용되고 있다 해서 누구나 알고 있는 것은 아니기 때문이다.

외래어는 아주 일반화되어 있는 것 이외는 가급적이면 쓰지 않도록 한다. 외래어를 남발하거나 적절하지 않은 외래어의 사용은 오히려 그 사람의 이미지를 손상시킬 뿐 아니라 대화를 원활하게 하는 데 방해가 될 수 있다.

이야기는 상대방이 알아듣기 쉽게 전하는 것이 원칙이며, 어려운 용어는 신중히 사용해야 한다.

(5) 불유쾌한 화제는 피한다.

자기 자랑이나 남에 대한 험담, 뜬소문이나 지어낸 이야기 따위의 유쾌하지 못한 내용을 화제로 삼지 않는다. 경조부박한 사람으로 인식될 뿐 아니라 인격을 의심받는 요인이 될 수도 있다. 속마음을 어느 정도 털어놓을 정도의 사이가 되면 부지불식간에 이런 종류의 화제를 말하기 쉬운데 각별히 주의해야 한다.

〈듣는 매너〉
- 상대방의 정면을 바라본다.
- 편안한 자세를 취한다.
- 맞장구를 치며 관심을 나타낸다.
- 시선을 자주 마주친다.

〈말하는 매너〉
- 밝고 명랑한 표정으로 말한다.
- 정확한 발음, 적절한 속도로 말한다.
- 상대방의 관심과 흥미에 맞추어 말한다.

〈회사에서의 응대 용어〉
[일상 대화에서 사용하는 말] / [상사나 사외 사람에게 사용하는 말]
- 우리 회사 / 저희 회사, 저희들 회사
- 당신네 회사 / 여러분 회사
- 나 / 저
- 데리고 온 사람 / 같이 오신 분
- 나는 ○○○입니다 / 저는 ○○○이라고 합니다.
- 누구세요 / 누구십니까
- 늘 고마워요 / 신세지고 있습니다 늘 감사합니다
- 무슨 일인가요 / 어떤 용건이십니까
- 잠깐 기다리세요 / 잠시만 기다려 주십시오

- 부탁해요 / 부탁드립니다
- 그래요 / 그렇습니다
- 몰라요 / 모릅니다
- 못해요 / 불가능합니다
- 미안해요 / 죄송합니다
- 외출했어요 / 외출 중입니다
- 또 와 줄래요 / 다시 한 번 오실 수 있습니까
- 전화 주세요 / 전화 부탁드립니다
- 돌아오면 말해 둘 게요 / 돌아오면 전해드리겠습니다
- 곧 올 거예요 / 곧 오실 겁니다
- 드세요 / 드십시오

2) 회의에서의 대화예절

(1) 회의할 때의 유의사항

회의란 여러 사람이 같은 목적을 놓고 의견을 교환해 하나의 결론을 얻어내는 대화의 방법이다. 하나의 주제를 놓고 여러 사람이 의견을 말하고 때로는 상대방을 설득하고 이해를 구해야 하기 때문에 일반 대화와는 달리 엄격한 질서가 요구된다.

직장에서의 회의는 업무의 방향을 설정하고, 이를 보다 원활하게 수행하며, 그 과정을 점검하는 데 의의가 있다. 따라서 자기의 가치관이나 판단과 차이가 있더라도 다른 사람의 입장을 존중하여 독불장군식으로 의견을 개진하지 않도록 하는 것이 중요하다. 직장에서 회의를 할 때에는 참석자의 입장에 따라 조금씩 다르지만, 일반적으로 다

음과 같은 점에 유의하여 이야기하는 것이 바람직하다.

① 발언 내용은 주제에서 벗어나지 않는 것이어야 한다.

② 발언의 차례가 정해져 있는 경우 이를 반드시 지키도록 하며, 차례가 정해져 있지 않더라도 윗사람이나 상사의 발언이 끝나기를 기다려 자기의 의견을 말하도록 한다.

③ 누구나 알아들을 수 있도록 정확하고 또렷한 목소리로 말한다.

④ 혼자서 너무 오랫동안 발언하지 말고 여러 사람이 의사를 개진할 수 있도록 배려한다.

⑤ 짧은 시간에 요점을 간결하고 알기 쉽게 말한다.

⑥ 의제와 관계없는 사담은 피한다.

⑦ 남의 말을 가로막거나 중단시키는 행위는 삼가야 한다.

⑧ 남에게 불쾌감을 주는 태도나 발언은 금물이다.

(2) 회의의 준비

직장에서는 모두가 각자의 부서에서 바쁘게 일한다. 그러한 귀중한 시간을 내어 회의를 하는 것이기 때문에 모임을 마련하는 입장에서는 사전에 충분한 배려와 준비가 필요하다. 다음은 모임을 주관하는 입장이라는 것을 전제로 한 회의 준비 과정의 한 예이다.

① 목적을 정한다.

회의나 미팅은 모임의 목적이 뚜렷해야 하고, 그다음에 모임에 필요한 시간과 장소를 정한다.

㉠ 의제를 정한다.

㉡ 시간을 정한다.

㉢ 장소를 정한다.

② 참석자를 정한다.

정례적인 회의에는 참석자가 정해져 있다. 그러나 임시 회의는 목적을 정하는 단계부터 유의하지 않으면 안 된다. 회의를 개최해야 할 필요성, 의제, 참가 대상자 선정 등이 이때 확고히 결정되어야 한다. 그다음에는 언제, 어떠한 형식으로 통지하는가에 대해 신경을 써야 한다.

③ 의사 예정표를 만들어 참석자에게 알린다.

㉠ 의사일정을 알린다(일시, 회의 장소, 소요 시간 등).
㉡ 참석자들이 할 일을 알린다(정보 발표, 의견 제안 등).
㉢ 참석자 명단을 첨부하여 배포한다.

④ 회의실을 점검한다.

회의실이 확보되면 회의가 원활하게 진행되도록 준비한다. 채광, 음향 시설, 실내 온도, 커튼, 테이블 배치, 이름표, 메모지, 필기 용구, 마이크, OHP, 차트, 참고 자료, 음료수와 그 밖에 참석자들에게 걸려올 전화 처리, 진행 요원 배치 등을 점검한다.

⑤ 시나리오를 작성한다.

회의를 순조롭고 절도 있게 진행시키기 위해 사회자의 시나리오가 필요하다. 시나리오가 준비되어 있지 않으면, 뜻하지 않은 실수를 초래하여 회의의 진행을 엉뚱한 방향으로 이끌어 가기 쉬우며 흐름을 통제하지 못해 분위기가 산만해지기 쉽다.

⑥ 회의록을 작성

(3) 좌석 배치

회의의 성패는 참석자들이 얼마만큼 유능하고 성실하게 회의를 운영해 나가느냐에 달려 있지만, 그에 못지않게 중요한 것이 회의에서의 좌석 배치이다. 회의의 성격에 맞게 좌석 배치를 해야 진행이 매끄럽고 의견 교환이 원활히 이루어지게 된다. 그만큼 회의에서의 좌석 배치는 그 성과에 많은 영향을 미친다.

회의록에는 다음과 같은 사항이 기재된다. 경우에 따라서는 사전에 참석자 한 명이 작성자로 임명되기도 한다. 필요한 경우에는 회의 내용을 정확히 보존하는 뜻에서 녹음기를 이용할 수도 있다.

① 회의명
② 날짜
③ 장소
④ 참석자명
⑤ 사회자명
⑥ 의제
⑦ 토론된 사항, 제안된 사항, 결정 사항

3) 강의 연설에 관한 예절

강의나 연설은 한 사람이 여러 사람을 상대로 말하고, 여러 사람이 함께 한 사람의 말을 듣는 것이기 때문에 말을 하는 사람이나 듣는 사람 모두가 예의를 잘 지켜야 진행이 원활하게 이루어진다.

(1) 강의와 연설을 하는 예절

① 정해진 시간을 지킨다. 특히 시작하는 시간과 끝내는 시간을 정확하게 지켜야 한다. 시작이 늦어지면 여러 사람을 기다리게 하고, 끝내는 시간을 지키지 않으면 다음 차례의 강사나 연사에게 지장을 주게 되며 진행에 차질을 빚게 된다.

② 주어진 주제를 벗어나지 않는다. 정해진 주제에서 벗어나 엉뚱한 다른 이야기를 하면 듣는 사람들의 기대를 저버릴 뿐 아니라 그 효과도 반감되고 만다.

③ 강의나 연설의 요지를 미리 준비한다. 정해진 시간에 주어진 주제를 효과 있게 이야기하려면 말해야 할 요지를 미리 준비해서 이야기의 흐름과 맺음을 분명히 해 둔다.

④ 듣는 사람이 누구인가를 고려한다. 듣는 사람의 연령, 성별, 직업, 지적 수준 등을 파악해서 이야기할 범주를 설정해야 한다.

⑤ 목소리의 강약과 완급에 주의한다. 확성 장치가 있으면 그 효과에 유의하고, 확성 장치가 없으면 모든 청중이 알아듣도록 음성을 높여야 한다. 대중을 상대로 말할 때의 속도는 단독 대화와는 달리 여유가 있고 또박또박해야 한다.

⑥ 시작할 때와 끝낼 때의 인사말을 잊지 않는다.

(2) 강의와 연설을 듣는 예절

① 시간을 지킨다. 강의와 연설을 듣는 일은 미리 정해진 일이므로 반드시 시작하기 전에 장소에 들어가서 정해진 자리에 위치하고, 끝나기 전에 미리 나오는 일이 없도록 한다.

② 정숙하고 바른 자세로 듣는다. 잡담을 한다거나 자세를 흐트러

뜨리면 주위 사람들의 집중력을 해칠 뿐 아니라 말하는 사람에게도 큰 결례가 된다.

　③ 마음으로 새겨듣는다는 자세로 듣는다. 강의나 연설은 소리로만 하지 않고 글로 쓰거나 몸짓을 하여 그 내용을 전달한다. 따라서 듣는 사람 쪽에서도 귀로만 건성으로 듣는다면 완벽한 청강이라 할 수 없다. 강사나 연사의 눈빛과 표정, 몸놀림 하나하나를 주시하며 마음을 기울여 새겨듣는다. 필기도구를 준비하여 말하는 내용을 요약해 가며 듣는 것도 훌륭한 듣기 자세이다.

　④ 강사나 연사가 말하는 도중에 질문하지 않는다. 말하는 도중에 질문을 하여 이야기의 흐름을 꺾어서는 안 된다. 이야기가 끝나거나 질문 시간이 따로 주어졌을 때 질문을 하도록 한다.

　⑤ 싫다거나 지루하다는 표시를 하지 않는다. 졸음이 오면 가만히 일어나 맨 뒷자리로 가서 듣는다. 강사나 연사가 보는 앞에서 하품을 하는 것은 금물이다.

　⑥ 야유나 소란을 피우지 않는다. 비록 자기의 주의 주장과는 다르더라도 다른 듣는 사람이 자기와 똑같은 생각을 하고 있다고는 볼 수 없다. 또한 여러 사람이 듣는 장소이므로 비록 이야기의 내용에 경청할 만한 것이 없다 하더라도 다른 청중의 입장을 존중하여 야유를 한다거나 소란을 피우지 않는다.

4) 전화 예절

　오늘날 우리의 생활에서 전화는 없어서는 안 될 물건이다. 특히 비즈니스 사회에서 전화의 가치와 효용은 절대적이다. 그런데 전화는 상대방의 얼굴을 직접 보지 못하고 대화하기 때문에 예절을 지키는

데 있어 자칫 소홀하기 쉽다. 전화를 거는 방법이나 태도에 따라 실례가 되기도 하고 지나치면 상대방의 기분을 상하게도 한다. 이렇게 되면 편리해야 할 전화가 오히려 역효과를 낳게 된다.

'전화는 회사의 얼굴이다.'고 할 수 있을 정도로 전화응대 방법에 따라 회사의 이미지가 좌우된다. 전화를 거는 방법이나 받는 태도로 인하여 고객이나 상대방의 기분을 상하게 하는 것은 회사의 손실과 직결된다. 좋은 응대를 하기 위해서는 자세를 바르게 하고, 상대방과 대면하고 있는 듯이 이야기하는 것이 중요하다.

전화는 직접적인 경비만이 아니라 귀중한 시간도 소비한다는 것을 늘 머릿속에 두어야 한다. 특히 상대방에게 전화를 건 경우 상대는 하던 업무를 중단한 상태이고 긴 이야기를 할 형편이 아닐 수도 있다. 짧은 시간에 용건을 요령 있게 이야기하는 습관을 들여야 한다. 한마디로 비즈니스 전화 예절은 '신속하게, 정확하게, 정중하게'라는 말로 요약할 수 있다.

(1) 전화를 다루는 기본 태도

우리는 늘 전화와 더불어 생활하고 있기 때문에 저마다 전화를 익숙하게 사용하고 있다고 생각하기 쉬우나 생각 밖으로 전화를 다루는 기본 태도가 제대로 되어 있지 않은 모습을 곧잘 보게 된다. 다음은 전화를 걸기 전에 체크할 세 가지 사항이다.

① 이야기할 내용을 정리한다.

먼저 이야기할 내용을 간단히 정리한다. 용건이 있어 전화를 걸면서 "저……", "그러니까……"와 같이 횡설수설하면 받는 쪽에 좋은 인상을 줄 수가 없다. 또 전화를 끊고 난 뒤에야 전해야 할 내용을 빠뜨렸음을 알게 되기도 한다.

② 상대방의 말을 메모할 준비를 한다.

먼저 전화를 했다고 해서 자신의 용건만 전할 수는 없다. 받는 쪽에서의 당부도 있을 것이고, 별도의 용건으로 이어질 수도 있다. 이럴 때 메모지를 찾기 위해 상대방을 기다리게 하는 것은 실례가 된다. 항상 메모할 준비를 한다.

③ 상대방의 전화번호를 확인한다.

상대방의 전화번호를 다시 한 번 확인한다. 기억에만 의존해 다이얼을 돌리다 보면 의외로 실수하는 경우가 있다. 이는 타인에게 폐가 될 뿐 아니라 시간과 경비의 낭비다. 또 전화를 걸 때는 점심시간을 피하는 것이 상식이다.

(2) 전화를 받는 요령

"전화를 받는 속도와 목소리에서 그 회사를 알 수 있다."고들 말한다. 이 말이 시사하듯 직장에서는 걸려온 전화를 받는 그 순간부터 자신이 회사의 대표자라는 마음가짐이 되어 있어야 하는 것이다. 다음은 전화를 받는 요령이다.

① 전화벨이 울리면 즉시 받는다. 벨이 여러 번 울린 뒤에 받는 것은 상대방에게 실례가 된다. 사정이 있어 세 번 이상 벨 소리가 울린 후에 받았을 때는 "늦어서 죄송합니다." 하고 말하는 것이 상대방에 대한 예의이다.

② 우선 회사명과 부서명, 이름을 밝힌다. 회사 밖에서 걸려온 전화

는 먼저 "감사합니다. 회사 총무부 ○○○입니다."라고 말한다. 교환을 거쳤을 경우에는 이미 회사명을 밝혔을 테니 "네, 총무부 ○○○입니다."라고 한다. "여보세요, 여보세요."라고 하거나 "어디시죠?"라고 하는 것은 좋지 않다.

③ 상대방을 확인한 후 인사를 한다. "회사의 김 대리님이시라구요. 안녕하십니까?" 이름을 밝히지 않는 경우가 있는데, 그럴 때에는 "실례지만 누구십니까?" 하고 물어 확인한다.

④ 메모 준비를 하고 용건을 듣는다.

⑤ 용건이 끝나면 통화 내용을 요약, 복창하여 확인한다. 이때 잘 모르는 내용일 경우에는 잘 아는 사람에게 전화를 바꾸어 준다. 특히 전언(傳言)일 경우에는 주의를 기울여 확인하고 책임을 진다.

⑥ 마무리 인사를 하고, 상대방이 수화기를 내려놓은 것을 확인한 후 조용히 수화기를 내려놓는다.

(3) 전화를 거는 요령

직장에서의 전화는 학창 시절에 친구들에게 가볍게 거는 사적인 전화와는 성질이 사뭇 다르며, 무엇보다 전화를 걸기 전에 충분한 준비가 필요하다. 다음은 전화를 거는 요령이다.

① 상대방의 전화번호, 소속, 직급, 성명 등을 미리 확인한다. 이와 같은 확인을 하는 까닭은 착오로 인해 상대방에게 폐를 끼치지 않기 위해서며, 덧붙여 시간이나 요금의 낭비도 막게 된다. 용건은 육하원칙으로 정리하여 메모한다. 이때 필요한 서류와 자료도 갖추어 놓는다.

② 전화번호를 확인하면서 왼손으로 수화기를 들고 오른손으로 다이얼을 누른다.

③ 상대방이 전화를 받으면 자신을 밝힌 후 상대방을 확인한다. 만

일 찾는 사람이 아닌 다른 사람이 받으면 "죄송하지만 영업부 ○○○ 과장 부탁합니다." 하고 정중하게 말한다.

④ 원하는 통화 상대자와 간단한 인사말을 한 후 시간, 장소, 상황을 고려하여 용건을 말한다. 업무전화의 용건은 간결하게 기능 본위로 하는 것이 바람직하다.

⑤ 용건이 끝나면 통화 내용을 다시 한 번 정리하여 확인한 후 마무리 인사를 한다.

⑥ 일반적으로 업무 전화는 건 쪽에서 먼저 끊는다. 받은 쪽이 먼저 끊으면 상대방이 용건을 다 말하기 전에 통화가 끝날 염려가 있기 때문이다. 그러나 상대방이 아주 윗사람일 경우에는 상대방이 끊은 것을 확인한 후 수화기를 내려놓는 것이 또한 예의이다.

(4) 전화를 연결하는 요령

직장에서는 전화를 연결해 줄 때의 예절도 매우 중요하다. 외부에서 전화가 걸려 왔을 때 상황에 따라 찾는 사람에게 곧바로 연결해도 되는 경우와 안 되는 경우가 있기 때문이다.

예를 들면, P씨의 건에 대해 아직 마무리 짓지 못한 상태에서 P씨로부터 전화가 걸려온 경우, 부서 내의 K씨는 전화를 받고 싶지 않은 상황이다. 이런 경우의 전화 연결은 K씨가 있고 없고를 상대에게 알리지 말고 "K씨 말입니까? 실례지만 누구십니까? 회사의 P씨라 구요."라는 식으로 상대의 말을 복창해 당사자인 K씨가 들을 수 있도록 한다. 그것을 들은 K씨는 고개를 끄덕이거나 손을 흔들어서 연결해도 좋을지에 대한 신호를 보낼 것이다.

그것을 보고 "네, 바꿔 드리겠습니다."라든가 "지금 자리에 안 계십니다만, 무슨 일이십니까?"라고 대답하면 된다.

다음은 전화를 연결하는 일반 요령이다.

① 전화가 왔다고 해서 무조건 연결해서는 안 된다. 연결해도 좋은지 어떤지 판단할 필요가 있다.

② 처음 전화를 걸어온 상대에게는 용건을 물어본 후 연결한다.

③ 지명 통화자가 다른 전화를 받고 있거나 바쁜 경우는 다시 걸도록 조처한다.

④ 상대방에게 사내의 말이 들리지 않도록 통화 지명자에게 연결할 때는 송화기를 손으로 확실히 막아야 한다.

⑤ 다시 전화를 걸어야 할 경우는 상대방의 연락처, 전화번호, 편리한 시간을 확인해 둔다.

(5) 전언 메모의 방법

통화 지명인이 부재중일 때 상대가 전언을 의뢰해 오는 경우가 있다. 그런데 전언을 잘못 전달하는 데서 생기는 트러블이 예상 외로 많이 발생한다. 이것은 전화를 받을 때 메모를 하지 않거나, 메모를 하더라도 불충분하게 하거나, 상대방의 말을 잘못 이해한 경우 등이 원인이 되어 발생한다.

전언은 정확하지 않으면 아무 의미가 없다. 그러므로 전언을 정확하게 전하기 위해서는 메모를 할 필요가 있다. 회사 자체의 메모 용지가 있는 경우에는 기입란을 모두 적는다. 메모 용지가 없는 경우에는 스스로 양식을 고안해 만들어 사용한다. 이때 다음 6가지를 염두에 둔다.

① 전화를 받은 일시

② 찾는 사람의 이름

③ 상대의 회사명, 부서명, 이름

④ 용건

⑤ 상대방이 다시 걸 것인지, 이쪽에서 걸어 주어야 할 것인지 여부와 후자의 경우 상대방의 연락처

⑥ 전화를 받은 사람의 이름

전언 메모 중에서 용건을 물을 때는 언제(When), 어디서(Where), 누가(Who), 무엇을(What), 왜(Why), 어떻게(How)의 5W1H를 정확히 한다. 전언 메모는 전달해 줄 사람의 책상 위에 보기 쉽게 올려 두고, 당사자가 돌아오면 구두로 "회사의 ○○○씨가 전화했었습니다."라고 전언이 있었음을 알려 준다.

(6) 지켜야 할 전화 예절

① 전화가 잘못 걸려 왔을 경우

전화를 받다 보면 가끔 잘못 걸려온 전화가 있다. 잘못 걸려온 전화를 받을 때 상대방을 나무라거나 무뚝뚝하게 끊어서는 안 된다. 전화를 잘못 건 쪽이 자신의 실수를 사과하기 전에 상대방의 무례한 응대에 기분을 상하기 때문이다. 개인이라면 몰라도 회사는 언제 어떻게 상대와 관계가 될지 모른다. "여기는 회사입니다. 잘못 거신 것 같습니다."라는 식으로 공손히 응대하면, "참, 예의 바르고 친절한 회사다."라는 인상을 갖게 된다. 이 또한 회사의 좋은 PR 기회가 된다. 또 회사의 다른 부서로 갈 전화가 잘못 걸려 왔을 때는 정중히 잘못 걸었음을 알려 주고 해당 부서로 연결시켜 준다.

② 찾는 사람이 부재중일 때

아침에 전화가 왔다고 하자. 찾는 사람이 아무 연락도 없이 아직 출근하지 않았다. 단순한 지각이라고 생각될 때는 실수로라도 "아직 출근 전입니다. 아마 좀 늦는 것 같습니다."라고 대답하지 않도록 한다. 전화를 건 쪽에서는 찾는 사람을 신뢰할 수 없는 사람으로 여기기 쉽다. 이럴 때는 "○○○씨는 거래처에 들러서 11시경에 출근할 예정입니다."라고 하는 것이 좋다.

또 외출로 부재중일 때는 "○○○씨는 지금 외출 중이신데, 급한 용건이라면 연락을 취해 볼까요?"라고 물어 상대에게 성의를 표한다. 외출처를 모르는 경우에는 "○○○씨가 돌아오시면 전화를 걸도록 하겠습니다."라고 말하고 연락할 방법을 알아 둔다.

③ 통화 중에 상대를 기다리게 해야 할 경우

통화 중에 상대방의 질문에 대한 답변 자료 조사로 시간이 걸릴 듯한 경우, 다른 용무와 겹친 경우, 혼자서 처리할 수 없는 경우에는 "죄송합니다만 곧 다시 걸겠습니다." 하고 다시 걸도록 한다. 통화 상태로 상대를 오래 기다리게 하는 것은 매우 예의에 어긋난다. 특히 장거리 전화의 경우 조금이라도 기다리게 해야 할 상황이면 다시 전화를 하겠다고 알린다. 이때 반드시 상대의 연락처를 확인하는 것을 잊지 말아야 한다.

④ 항의전화를 받았을 경우

항의전화를 받았을 때 가장 중요한 것은 침착함이다. 상대방이 거친 말로 화를 내도 당황하거나 흥분하지 말고 끝까지 차분하게 상대방의 이야기를 듣는 것이 해결의 실마리가 된다. 또 상대방이 오해를 하고 있거나 상대방에게 잘못이 있더라도 오해나 잘못을 바로 지적하지 말고 성의껏 듣는 자세가 중요하다. 자신의 감정을 내세워서는 결코 안 된다. 그리고 항의의 내용에 대해서는 그 자리에서 독단으로 판단해 처리하기보다 상황을 정확히 듣고 상사나 동료와 상의를 한 다음에 통보해 주는 것이 좋다. 독단으로 처리할 경우 또 다른 실수를 낳기 쉽기 때문이다.

⑤ 전화가 도중에 끊겼을 경우

통화 도중에 전화가 끊어졌을 때는 건 쪽에서 다시 거는 게 원칙이지만 상대가 손님이나 상사일 경우에는 받은 쪽에서 먼저 전화를 거는 것이 좋은 인상을 준다.

〈전화 기본 매너〉

• 마주 대화하는 것처럼 응대한다.
: 상대방이 눈앞에 있다고 생각하면 자연 예의에 벗어난 언행을 삼가게 된다. 눈으로는 볼 수 없지만 말하는 사람의 태도도 목소리와 함께 전달된다고 생각해야 한다. 예컨대 미소 띤 얼굴로 이야기하면 어투도 따라서 부드러워지는 법이다.

• 목소리가 듣기 힘든 경우
: 상대방의 목소리가 잘 들리지 않을 때 "목소리가 작아요."라고 말하는 대신 "전화감이 꽤 먼 것 같습니다."라고 말한다. 또 잡음이나 혼선으로 통화가 불가능할 때는 다시 전화를 걸 쪽을 정하고 수화기를 내려놓는다.

• 전화가 도중에 끊겼을 때

: 통화 도중에 갑자기 전화가 끊어졌을 때는 건 쪽에서 다시 거는 게 원칙이지만, 상대방이 상사나 손님일 경우에는 먼저 전화를 거는 것이 좋은 인상을 준다.

• 전화를 끊을 경우

: 전화를 끊을 때에는 건 쪽에서 먼저 끊는 게 원칙이지만, 상사나 손님일 경우에는 상대방이 전화를 끊은 것을 확인하고 끊는 것이 예의이다. 이때 통화가 끝나고 조금 사이를 두어서 수화기를 살며시 내려놓는다.

〈전화 매너 체크리스트〉

✘ 송화기를 막지 않은 채 바꾸어 준다.

: 전화를 연결하면서 통화자를 찾는 자신의 목소리가 상대방의 수화기에 들리는 것은 큰 결례이다. 송화기를 막든지 대기 버튼을 눌러 둔다. 어떤 경우에는 통화를 원하는 사람이 전화를 받고 싶지 않을 때도 있기 때문에 이쪽에서의 대화 내용이 전화 상대방에게 들리지 않도록 조심해야 한다.

✘ 잘못 걸린 전화를 그냥 끊는다.

: 잘못 걸려온 전화도 정중하고 친절하게 응대하여야 한다. 일이 한창 바쁠 때 잘못 걸려온 전화를 받게 되면 무뚝뚝하게 대꾸를 하기 쉬운데 어떤 전화이든 친절하게 받는다는 의식을 평소에 지니도록 하여 대비한다. 정중하고 친절한 응대는 회사 이미지를 높이는 좋은 PR의 하나이다.

✘ 장시간 통화를 한다.

: 별다른 용건도 없는데 오랫동안 전화를 붙들고 있는 것만큼 볼썽
사나운 일도 없다. 또한 요령 없이 장시간 통화를 하는 것도 주의
해야 한다. 통화가 길어질 때는 양해를 얻는 것이 필요하다.

✘ 사적인 통화를 한다.

: 사적인 전화는 되도록 피한다. 사적인 전화를 해야 할 경우에는 휴
게 시간이나 점심시간에 공중전화를 이용하는 배려가 필요하다. 또
외부에서 사적인 전화가 걸려 왔을 때는 용건만 전해 받도록 한다.

〈사례별 전화응대 요령〉

[사례] [응대 요령] [적절한 말]

통화를 원하는 지명인이 부재중일 때. 부재 이유를 말하고 상황에
따라 적절하게 대응한다. "외근 중이신데 ○시경에 돌아오실 예정입
니다. 그때 다시 전화 주시겠습니까?" "잠시 자리를 비우셨는데 들어
오시는 대로 전화 드리도록 하겠습니다."

용건을 대신 듣고 나중에 통화 지명인에게 전달한다. 용건에 따라
서는 대신 응대할 사람을 바꾸어 준다. "전할 말씀이 있으시면 제가
대신 전해 드려도 되겠습니까?" "○○○씨를 바꾸어 드릴 테니 통화
하시겠습니까?"

통화를 원하는 지명인이 다른 전화를 받고 있을 대 상대방에게 통
화 중이라는 사정을 말하고 기다려 달라고 양해를 구한다. 너무 오래
기다리게 할 때에는 다시 한 번 양해를 구하고 더 기다릴 것인지 다
시 전화를 할 것인지 상대방의 의사를 묻는다. "지금 통화 중이신데

잠시 기다려 주시겠습니까?” “대단히 죄송합니다. 생각보다 통화가 길어지는 모양입니다. 잠시만 더 기다려 주시겠습니까? 아니면 통화가 끝난 뒤 전화를 드리도록 하겠습니다.”

통화를 원하는 지명인이 부재중에 전언을 부탁받았을 때 5W1H에 의해 용건을 정확히 메모하고, 가능한 한 빨리 지명인에게 알려 준다. “전하시는 용건 잘 알겠습니다. ○○○씨에게 곧 전하도록 하겠습니다.”

고객과의 대화 중에 전화가 왔을 때 고객에게 “실례합니다.” 하고 양해를 구하고 전화를 받는다. “죄송합니다만, 손님과 상담 중이기 때문에 잠시 후 전화를 올리겠습니다.”

회사 업무에 대하여 문의할 때 내용을 잘 모를 때는 그 일에 대해 잘 알고 있는 사람을 바꾸어 준다. 아는 내용이라 할지라도 담당 업무자가 아닌 한 함부로 말하지 않는다. “실례지만 그 건에 대해서는 내용을 잘 아는 사람을 바꿔 드리겠습니다.”

6. 안내와 접대 예절

회사의 첫인상은 처음 만나는 직원의 안내나 접대 등에 따라 결정된다. 친절한 응대를 받은 방문객은 당연히 그 회사에 대해 좋은 이미지를 갖기 마련이다. 안내나 접대는 담당 직원은 물론 모든 직원이 동참할 때 회사의 평가도 배가 된다.

직장에 찾아오는 사람들은 대개 비즈니스와 관련된 용건을 가지고 오는 사람들이므로 누구 한 사람 소홀히 대할 수 없다. 나 한 사람의 불친절로 회사 전체의 인상이 흐려질 수 있다는 사실을 명심한다면 직장으로 찾아온 사람 누구에게나 밝은 표정과 예의 바른 말과 행동으로 맞이해야 할 것이다. 특히 처음 찾아오는 방문객에게는 더욱 좋은 인상을 주도록 노력해야 한다. 방문객의 옷차림이나 외모만 보고 그 사람의 신분을 나름대로 판단하여 제멋대로 접대하는 일이 있어서는 안 되며, 어느 누구에게나 친절한 태도와 정중한 자세로 맞이해야 한다.

찾아온 사람을 접대할 때에는 상대방이 흡족할 만큼 예의 바르게 대접해야 하지만, '과공(過恭)은 비례(非禮)'라는 말이 있듯이 지나친 친절은 오히려 상대방을 놀라게 하여 불쾌감을 줄 수도 있다는 점도 염두에 두기 바란다.

1) 올바른 명함 교환

명함은 초대면인 상대방에게 소속과 성명을 알리고 증명하는 역할을 하는 자신의 소개서이자 분신이다. 따라서 직장인은 항상 명함을 소지하고 있어야 하며, 올바르게 사용할 줄 알아야 한다.

명함은 회사에, 업종에 따라 다소의 차이가 있지만, 일정한 크기의 사각형 순 백지에 인쇄한 것이 규격품이라 하겠다. 명함은 출근할 때 또는 퇴근할 때 미리 일정한 매수를 항상 윗주머니에 넣어 둔다. 누구를 만나서 명함을 건네야 할 경우에 주머니를 이리저리 뒤지다가 "명함이 없군요." 하면 첫인상부터 흐려진다.

받은 명함은 언제라도 금방 찾아볼 수 있도록 명함꽂이수첩 등에다 잘 정리해 둔다. 상대방의 명함을 소중히 다루는 것은 상대방과 상대방 회사에 대한 경의를 표한다는 마음을 나타내는 것이다. 그리고 명함을 받았으면 날짜라든지 만난 장소, 간단한 용건 등을 뒷면에 메모해 두면 훗날에 여러 가지로 참고가 된다.

2) 명함을 건네는 법

① 명함을 교환할 때는 손아랫사람이 손윗사람에게 먼저 건네는 것이 예의이다. 소개의 경우는 소개받은 사람부터 먼저 건넨다. 방문한 곳에서는 상대방보다 먼저 명함을 건네도록 한다.

② 명함은 선 자세로 교환하는 것이 예의이다. 테이블 위에 놓고서 손으로 밀거나 서류 봉투 위에 놓아서 건네는 것은 좋지 않다.

③ 명함을 내밀 때는 정중하게 인사를 하고 나서 "회사의 ○○○이라고 합니다."라고 회사명과 이름을 밝히면서 두 손으로 건네도록 한다. 사내에서 내방객을 맞이할 경우는 이름만 말해도 된다.

④ 명함은 왼손을 받쳐서 오른손으로 건네되 자기의 성명이 상대방 쪽에서 보아 바르게 보이게끔 쥔다.

⑤ 상사와 함께 명함을 건넬 때는 상사가 건넨 다음에 건네도록 한다. 여러 명이 방문한 경우에도 대표자(상사)가 명함을 건넨다.

⑥ 상사의 대리로 타사를 방문하는 경우 대개는 상사로부터 명함을 받아서 가게 되지만, 자신의 명함도 주고 오는 것이 좋다.

3) 명함 받는 법

① 명함을 건넬 때와 마찬가지로 받을 때도 일어선 채로 두 손으로

받는다. 이 때 "반갑습니다."라고 한마디 덧붙이는 것이 좋다.

② 명함을 받으면 그 자리에서 상대방의 회사명, 직위, 성명을 확인하여 대화 도중에 상대방의 신원 사항을 잊어버려 명함을 꺼내 보는 일이 없도록 한다. 상대방의 이름이 읽기 어려운 한자일 경우는 상대방에게 물어서 확인한다.

③ 명함 교환이 끝나면 자리를 권하여 앉는다.

④ 받은 명함은 손으로 들고 만지작거리지 말고 반드시 상의 윗주머니에 넣는다. 바지 주머니나 뒷주머니에 명함을 집어넣는 것은 절대 금물이다. 자리에 앉은 후에까지 상대방의 명함을 테이블 위에 놓아두는 것 또한 예의에 어긋난다.

⑤ 여러 명의 상대와 명함을 교환하는 경우에도 상대가 한 사람인 경우와 마찬가지로 한 사람 한 사람씩 명함을 건네고 받는다. 이때는 상대를 혼동하지 않기 위해 받은 명함을 상대가 앉은 위치에 따라 나란히 늘여놓아도 실례가 되지 않는다.

〈명함 사용 매너 체크리스트〉

✘ 이리저리 명함을 찾는다.

: 명함은 자신의 분신이다. 상대방 앞에서 주머니마다 뒤적이며 이리저리 명함을 찾는 것은 결례이다. 명함은 상대방과 대면 시 즉시 건넬 수 있도록 하며, 매일매일 일정 매수를 점검하여 떨어지는 일이 없도록 용의주도하게 준비한다.

✘ 뒷주머니에서 명함을 꺼낸다.

: 뒷주머니에서 명함을 꺼내는 것은 보기에 안 좋다. 남자는 상의 안주머니 지갑이나 수첩에, 여자는 핸드백에 넣어 두는 것이 좋다.

✗ 구겨지거나 지저분한 명함.
: 명함은 자기의 인격을 나타내는 도구이며 회사의 이미지가 담겨 있는 소개서이다. 구겨지거나 지저분한 명함은 자신의 첫인상을 흐리게 할 뿐 아니라 회사의 이미지도 실추시킨다. 흠이 있는 명함은 미리 버리도록 하여 늘 깨끗한 것으로 준비하도록 한다.

✗ 성명을 밝히지 않고 건넨다.
: 명함에 적혀 있다고 해서 회사명과 자신의 이름 등을 밝히지 않고 명함을 불쑥 건네는 것은 금물이다. 명함을 건넬 때는 정중하게 인사를 하고 나서 자기 성명과 회사명 등을 확실히 말해준다. 사내에서 내방객을 맞이할 때는 성명만 밝혀도 무방하다.

✗ 앉은 채로 명함을 건넨다.
: 명함을 교환할 때는 반드시 서서 주고받는다. 이때 "반갑습니다."라고 덧붙이면 친근감이 들어 좋다. 앉아서 명함을 주고받는 것은 상대방에게 경의를 표하지 않는다는 의미로 받아들여질 수 있다. 특히 테이블 위에 놓고 손으로 밀거나 서류 봉투 위에 놓아서 건네는 것은 좋지 않다.

✗ 이름을 잊어 명함을 다시 꺼내 본다.
: 대화 중 상대방의 이름을 잊었다고 해서 주머니에 집어넣은 명함을 도로 꺼내 보는 것은 결례이다. 따라서 명함을 받으면 그 자리에서 상대방의 부서, 직위, 성명 등을 반드시 확인하여 대화 중에 실수가 없도록 하여야 한다.

✘ 상대방의 명함을 만지작거린다.

: 상대방의 명함을 가지고 모서리를 접는다거나 빙글빙글 돌린다거나 등의 손장난을 하는 것은 상대방을 무시하는 태도이다. 테이블 위에 명함을 놓고 명함을 자주 내려다보며 이야기하는 경우도 흔한데 이러한 태도도 잘못된 명함 에티켓이다.

✘ 상대방의 명함에 이것저것 적는다.

: 명함을 받아 들고 상대방 면전에서 여백이나 뒷면에 이것저것 메모를 하는 것도 큰 결례이다. 자신의 명함을 남이 잘 다루어 주기를 바라는 만큼 남의 명함도 잘 다루어야 하는 것이다. 명함에 꼭 기입할 사항이 있으면 상대방이 자리를 뜬 뒤에 간단히 메모해 둔다.

4) 안내하는 법

방문객이 찾아오면 자기가 제일 먼저 일어나서 맞이한다는 마음가짐으로 친절하고 정중한 태도를 취하는 것이 직장인으로서 갖추어야 할 예절이다. 다음은 방문객을 맞이하는 요령이다.

(1) 방문객 맞이

방문객이 사무실에 들어서면 하던 일을 멈추고 곧바로 일어서서 인사를 한다. 방문객이 온 것을 알면서도 딴 사람이 맞이하겠지 하는 태도는 버려야 한다. 만일 직원 전체가 그런 생각을 한다면 결과적으로 모두가 모르는 체 하게 되어 방문객은 당혹감과 함께 심한 불쾌감을 느끼게 될 것이다. 방문객이 자기에게 가까이 다가오는데도 외면하는 것 또한 결례이다.

(2) 용건 확인

　방문객이 사무실에 들어서면 먼저 인사를 한 다음 처음 온 분이거나 낯이 익지 않은 분에게는 "누구를 찾아오셨습니까?" 또는 "무슨 일로 오셨습니까?" 하고 분명하고 정중하게 묻는다.

　만나러 온 사람이 자리에 있으면 그 사람에게 손님이 오셨다고 전하고, 자리에 없으면 무슨 일로 온 누구인가를 자세히 알아 두었다가 나중에 당사자에게 전해 주어 연락하도록 해야 한다. 또 용건이 있는 경우에는 사안에 따라 자기가 처리할 수 있는 것은 처리하고, 자기가 처리하기 곤란한 일은 적절한 담당자를 재빨리 파악하여 안내하는 것이 바람직하다.

〈방문객 안내 매너〉

- 손님이 보면 즉시 일어선다.
- 낯익은 고객은 반갑게 맞는다.
- 성함과 용건을 묻는다.
- 명함을 받았을 때는 회사명과 성함을 확인한다.
- 약속 여부를 확인한다.
- 담당자에게 알린다.
- 면회가 가능하면 안내한다.
- 부재중이라는 사실을 알리고 전언을 메모해 둔다.

〈안내 매너 체크리스트〉

✘ 나는 안내 직원이 아니다.
: 방문객은 사원 전체의 손님이다. 따라서 사원 누구나가 회사를

대표한다는 자세로 맞이해야 한다. 방문객이 보이면 하던 일을 중단하고 즉시 일어서서 응대한다.

: 누구보다 먼저 미소로써 친절하게 방문객을 맞이한다는 마음이 항상 갖추어져 있어야 한다.

✘ 옷차림으로 손님을 차별한다.

: 방문객의 옷차림이나 말투 등으로 무시하거나 차별해서는 안 된다. 중요한 고객일 경우 회사에 손해를 끼치는 행동이 된다. 방문객 누구에게나 빠르게(speed), 미소로써(smile), 정중하게 (sincerity)의 3S원칙에 따라 응대한다.

✘ 건성으로 용건을 듣는다.

: 방문객의 회사명, 이름, 용건은 분명히 묻고 확인한다. 한참 후 다시 묻는 것은 큰 결례이다.

: 방문객을 맞이하면서 머리에 손을 자주 올린다거나 몸을 꼰다거나 다리를 떤다거나 하는 등의 이상한 습관 행동은 불쾌감과 불안정감을 주니 금물이다.

✘ 오래 기다리게 한다.

: 바쁜 일로 방문객을 기다리게 할 경우에는 사정을 말하고 양해를 구한다. 사보나 신문, 잡지, 책 등을 권하는 것도 지혜로운 방편이 된다.

: 방문객이 찾는 사람이 부재중일 경우, 사전 약속이 되어 있고 찾는 사람이 곧 돌아올 예정일 때는 응접실로 안내하여 기다리게 한다.

(3) 안내하기

① 복도에서의 매너

방문객을 안내할 때는 방문객보다 조금 앞서서 인도한다. 이때 방문객의 두 걸음쯤 앞에서 한쪽으로 비켜 선 자세로 앞서 가도록 한다. 몸을 한쪽으로 조금 비켜선 자세로 걷는 것은 방문객이 복도 중앙으로 걸어가게 하고 방문객에게 등을 보이게 하는 결례를 피하기 위해서이다. 그리고 가끔 뒤돌아보며 방문객의 발걸음과 맞추어 떨어지지 않도록 주의를 기울여야 한다.

모퉁이를 돌 때는 돌아보면서 방문객과의 거리를 확인하고 가야 할 방향을 손으로 가리키는 것이 친절하다. 이때 손가락 사이가 벌어지지 않도록 얌전하게 모아서 가리킨다.

〈복도와 계단에서의 매너〉
- 복도에서는 약간 비켜 선 자세로 앞서 간다.
- 모퉁이를 돌 때는 가야 할 방향을 가리킨다.
- 계단을 오를 때는 방문객이 앞서도록 한다.
- 계단을 내려갈 때는 안내자가 앞선다.

② 계단에서의 매너

계단을 오르고 내릴 때는 방문객보다 항상 안내자가 아래쪽에 위치해야 한다. 즉 계단을 오를 때는 방문객이 앞서 가도록 하며, 내려갈 때는 안내자가 앞서서 내려간다. 단 방문객이 여성인 경우에는 계단을 오를 때도 안내자가 앞장선다. 계단의 층계에서는 일단 멈추어 방문객을 확인한다.

③ 엘리베이터에서의 매너

안내 중에서 가장 주의가 필요한 것이 엘리베이터 안내이다. 엘리베이터를 타야 할 때는 방문객에게 "5층 응접실로 안내하겠습니다."라고 사전에 행선 층을 알려 주는 것이 매너이다.

엘리베이터를 탈 때는 안내자가 먼저 타야 한다. 안내자가 먼저 타서 방문객이 엘리베이터에 탈 때까지 열림 버튼을 누르고 있어야 하기 때문이다. 승무원이 있는 경우에는 방문객이 먼저 타도록 하는 것이 예의이다.

엘리베이터에서 내릴 때는 방문객에게 "도착했습니다."라고 말하고, 열림 버튼을 누르면서 방문객을 먼저 내리게 한 뒤 안내자가 내린다. 안내자가 먼저 내리면 방문객을 그대로 둔 채 문이 닫히고 마는 불상사가 일어날 수도 있기 때문이다. 승무원이 있는 경우에는 안내자가 먼저 내린다.

엘리베이터에서의 가장 좋은 위치는 입구를 향해 왼쪽 안쪽이며, 안내자는 작동 버튼 쪽에 선다. 엘리베이터 안에 혼잡할 때에는 "다음 층입니다."라고 말해서 방문객에게 알리고 주위 사람들에게서도 넌지시 배려를 구한다.

(4) 응접실에서

① 문을 열고 닫는 매너

방문객을 응접실까지 안내하면 "여기입니다." 하고 알린다. 응접실에 들어설 때는 안에 아무도 없더라도 반드시 노크한 후 문을 열도록 한다. 문이 열리는 방식에 따라서도 방문객을 안내하는 방법이 다르다. 당기는 문이면 손잡이를 잡아 충분히 열고 문 옆에 서서 방문객을 먼저 들어가게 한 후 문의 안쪽으로 도는 듯이 들어가 문을 대면

한 자세로 닫는다. 미는 문이면 문을 열고 먼저 들어가 충분히 연 후 문 안쪽으로 돌아 방문객을 맞이하여 실내에 완전히 들어온 것을 확인하고 나서 문을 대면한 자세로 닫는다.

② 자리를 권하는 매너

응접실 내에서는 입구 쪽에서 가장 먼 곳이 상석이다. 그러므로 방문객에게 권하는 자리는 안쪽이 상석이랄 수 있다. 창문이 있는 경우는 경치가 좋은 자리, 사무실과 함께 있는 경우는 책상에서 멀리 떨어진 자리가 상석이다.

방문객에게 자리를 권할 때는 방문객의 옆에 서서 "이쪽으로 앉으십시오."라고 오른손으로 가리키며 말한다. 만일 자리를 권하기 전에 방문객이 아랫자리에 앉았을 때는 "저쪽으로 앉으십시오."라고 말하며 상석을 권한다.

방문객이 착석하면 "○○님은 곧 오십니다. 잠시 기다려 주시기 바랍니다."라고 말한다. 만약 방문객이 청한 사람이 바빠서 바로 응접실로 오지 못할 경우에는 무료하게 기다리는 방문객을 생각하여 신문이나 잡지를 가져다주는 재치도 필요하다.

〈응접실 안내 매너〉
- 우선 노크를 한다.
- 당기는 문은 방문객을 먼저 들어가게 한다.
- 미는 문은 안내자가 먼저 들어가 방문객을 안내한다.
- 착석 위치를 가리키는 것도 방문객에 대한 예의이다.
- 응접실의 정돈 상태를 확인한다.
- 방문객을 자리로 안내한다.

- 방문객을 상석에 앉게 한다.
- 오래 기다리게 할 때는 대신 상대가 되어야 한다.

⟨응접실의 좌석 배치⟩
- 문에서 좌측 안쪽의 긴 의자가 방문객용 상석이다.

⟨사무실의 좌석 배치⟩
- 책상에서 먼 쪽, 입구에서 먼 쪽, 창이 보이는 곳이 상석이다.

⟨회의실의 좌석 배치⟩
- 입구에서 먼 쪽이 방문객용이다.

⟨면담 중의 매너⟩

- 면담 중 응접실에 들어갈 때
: 노크를 한 다음 문을 열고 들어가 가볍게 목례한다. 문이 열려 있을 때는 "실례합니다."라고 인사한 다음 들어간다.

- 면담 중에 연락하는 방법
: 연락 내용은 반드시 메모로 하여 전한다. "말씀 중에 죄송합니다."라고 양해를 구한 다음 손님에게 메모의 내용이 보이지 않도록 건네준다.

- 면담 중 상사가 인사차 들어왔을 때
: 반드시 일어나서 상사를 손님에게 소개한다. 소개가 끝나면 손님과 상사가 앉은 다음에 자신도 앉는다. 상사에게 지금까지의 상담

결과를 간결하게 보고한 다음 계속 상담을 한다.

 • 방문객을 장시간 기다리게 할 경우
 : 우선 기다리게 하는 것에 대해 사정을 말하고 양해를 구한다. 손님을 오랫동안 기다리게 할 경우에는 담당자를 대리할 수 있는 사람이 고객을 상대한다.

7. 비서의 유래

비서직의 유래는 인류의 역사와 더불어 부족사회의 형성부터라고 할 수 있다. 약 6000년 전에는 고대 이집트의 왕 측근에서 왕의 치적을 기록하는 관직이 있었으며, 기원전 30년경에는 이집트의 클레오파트라 여왕에게 디오메데스라는 남성 비서가 있었다고 한다. 근대적 의미로는 15세기에 영국 왕실에서 왕의 서신과 문서를 담당하던 관리를 secretary라고 하였으며, 산업혁명 이후 사기업이 대거 출현함으로써 비서는 보편적인 직업이 되었다. 대부분의 직종이 그렇듯이 비서직도 남성직으로서 기원전부터 시작되었고, 여성 비서의 등장은 근대 사회에 들어와서 여성의 사회 진출이 시작되면서부터이며, 오늘날 서구에서는 대표적인 여성직으로 받아들여지고 있다.

우리나라에서 최초로 비서라는 명칭을 사용하게 된 것은 고려 초기에 축문과 기록을 맡아보는 내서성을 성종 14년(서기 995년)에 비서성으로 개칭하면서 비롯되었다고 볼 수 있다. 또한 조선시대에는 각

고을의 수령 밑에서 인사 비서 등의 사무를 맡은 아전이었던 이방아
전이라는 직책이 있었다.

오늘날에는 대부분의 고위 행정직이나 기업의 사장, 중역 비서실,
부속실, 임원실이라는 명칭으로 여러 명의 비서를 두거나 혹은 개인
비서를 두고 여러 가지 업무를 담당하게 하고 있다. 그러나 비서의
자격, 업무, 권한 등을 명시한 표준화된 직무기술서(job description)는
거의 없는 실정이다. 따라서 행정기관, 공공단체, 사기업체, 공기업체
등 모든 형태의 조직에 존재하는 비서는 조직의 성격과 규모 및 상사
의 직책과 성격, 그리고 비서 자신의 능력과 성격에 따라 그 기능과
역할과 지위는 다양할 수밖에 없다.

"비서란 무엇인가"라고 할 때 국가, 집무 상황, 역사적 배경, 역할
과 기능을 어떻게 보느냐에 따라 그 정의도 달라질 수 있다. 현대와
같이 기술혁신이 눈부시고 사무환경이 급격하게 변하는 시대에는 비
서의 본질을 올바로 파악하고 보편적인 비서 개념을 확립해야 한다.
『국어대사전』에는 비서란 "장관 국회의원 사장 등에 직속되어 기밀
문서와 용무를 맡아보는 직무"로 정의되어 있으며, 『한국어대사전』에
는 "요직에 있는 사람에 직속하여 기밀문서나 사무를 맡아보는 사람
또는 그 직책"이라고 정의되어 있다. 『웹스터사전』에는 좀 더 광범위
하게 정의하고 있는데,

① 어떤 조직체 내에서나 개인을 위해 기록의 보관, 통신의 취급 및
기타 서기적 사무를 위해 고용된 사람

② 이상의 업무를 담당하는 일반 공무원

③ 정부의 각 부서에 소속된 관리 등으로 정의하고 있다.

미국의 현직 비서들의 모임인 전문비서협회(IAAP)에서 정의한 바에 의하면 "비서는 숙달된 사무기술을 보유하고 직접적인 감독 없이도 책임을 맡는 능력을 발휘하며, 창의력과 판단력으로 주어진 권한 내에서 의사결정을 내리는 간부적 보좌인"이라고 하였다. 이와 같이 비서에 대한 정의는 사전과 기관에 따라 표현상의 차이를 보이고 있는데, 그중에서 미국의 IAAP의 정의는 좀 더 광범위하고 포괄적인 비서 상을 제시했다고 볼 수 있다.

일반적인 비서에 대한 정의를 포괄적으로 내리자면 비서는 "경영자 또는 관리자가 그들 본연의 업무에 전념할 수 있도록 보좌하는 역할"이라고 할 수 있겠다. 문제는 보좌하는 업무의 내용과 수준, 즉 어떤 보좌를 하는가에 따라 비서의 역할이 달라진다고 할 수 있다. 또한 비서의 특수성은 'secretary'라는 용어에서도 상사는 비서에게 모든 비밀 사항을 맡길 수 있어야 하며, 비서 또한 업무나 조직에 관련된 사항은 기밀을 절대적으로 유지할 수 있어야 서로 신뢰적인 업무 관계를 유지할 수 있다.

그동안 우리나라의 일반적인 비서는 비서의 가장 큰 역할이어야 할 상사의 의사 결정이나 상황 판단에 도움을 줄 수 있는 참모(staff)로서의 역할이 아닌 소극적이고 단순한 업무 보조의 역할을 수행해 왔다. 기업 측에서도 전문적인 교육을 받지 않아 비서 업무 수행이 가능하지 않은 고등학교 졸업자나 대학 졸업자라 할지라도 업무 수행 능력이 부족한 타 전공 졸업자를 비서로 채용하였다. 또한 전공자를 채용했다 하더라고 제대로 능력을 활용하지 못하고 단순한 수준의 업무를 수행하도록 하는 등 일반적으로 비서를 단순한 보조 업무만을 수행하는 직종으로 보고 하나의 전문직으로서 독립시켜 인식하지 않는 결과를 초래했다. 이에 비해 남자 사원의 경우 승진 경로를 통하여 참모의 위치에 올라 실제적인 비서의 역할을 수행하거나, 공식적인 비서실의 발령이 고위직으로의 승진에 도움이 되는 것으로 인식되어 있다.

1990년대 이후 국내기업의 경영 환경은 급격히 변화되어 미국을 비롯한 선진국에서는 각종 압력과 설득을 통해 국내시장의 전면 개방을 촉구하고 있다. 정부의 기업보호정책의 축소 및 해외 거대 경쟁기업의 국내시장 진출 등은 과거와 다른 경영전략과 경영체제를 마련할 필요성을 제시하고 있다. 이와 같이 급속히 변화하는 무한경쟁적인 환경에서 현대의 경영조직이 살아남고 발전하기 위해서는 경영관리자가 신속하고 효율적인 정보 활용을 통한 정확하고 합리적인 의사결정으로 전략적 및 전술적 경영활동을 수행하여야 한다.

이러한 경영관리층을 보좌하는 것이 비서의 직능이므로 그 역할은 과거 어느 때보다도 중요하며 고도의 전문적 지식과 창의력, 판단력, 그리고 문제 해결 능력 등 관리자로서 겸비해야 할 능력까지 요구되는 것이 오늘날 사회에서의 전문비서이다.

한국에서는 현재 전문비서의 필요성에 대하여 인식하기 시작한 단계에 있으며, 우리 기업의 세계화 및 외국 기업의 한국 진출로 인하여 외국어 실력을 갖춘 전문비서직에 대한 수요는 급격히 늘고 있다. 지금이야말로 비서직과 비서 고용 업무를 새로이 인식함으로써 전문비서직의 영역을 구축해야 할 때이다. 대학 비서학과를 중심으로 비서학의 지식과 이론이 체계화되어 가고 있고, 기업에서도 비서학 전공자인 전문비서를 선호하고 요구하는 추세에 있다. 또한 전문대학에서의 비서과 또는 비서 사무 관련 학과 등의 비서교육 관련 전공자가 늘고 있는 것은 이러한 사회적 요구를 반영하는 것이다.

1) 역 할

① 비서는 상사가 본연의 업무에 전념할 수 있도록 상사를 보좌하는 역할을 한다.

② 따라서 비서는 상사의 본래의 업무에서 파생된 세부적인 업무, 부수적인 업무를 처리한다.

③ 상사의 상황판단이나 의사결정에 필요한 정보나 자료를 수집, 정리해 주고 상사의 인간관계가 원활히 유지되도록 돕는다.

④ 그러나 비서는 상사의 본래 업무를 대리, 대행할 수 없으며, 상사를 대신하여 의사결정을 한다든지, 타 부서의 직원에게 상사를 대신하여 지시, 명령을 내릴 수 없다.

2) 업무의 성격적 특성

비서의 업무는 정적이고, 정형적이기보다는 비정형적이다. 비서는 일상적인 사무처리를 하다가도 돌발적인 업무처리에 대처하기도 하고 지시에 의해서 업무를 처리하지만 때로는 자기 판단에 의한 창의적인 노력을 필요로 할 때도 있다.

비서의 업무를 기능적인 측면과 작업적인 측면으로 나누어 보면 업무의 특징을 확연히 알 수 있다.

(1) 기능적인 측면

비서는 상사와 직원을 포함한 여러 관계자들의 중계점에 서서 양자를 유기적으로 이어주는 입장에 서 있다. 이러한 중계한다는 의미의 주체는 '지시를 받아 보고를 한다.', '연락을 조정한다.', '준비를 하고 뒤처리를 한다.'의 형태로 나타난다.

여기서 한 가지 간과할 수 없는 점은 이러한 모든 업무를 원활히 하기 위해서는 그만큼 정보량이 많아야 한다는 점이다. 업무의 연계가 매끄럽다는 것은 정보를 효율적으로 이용했다는 것이다.

따라서 비서업무를 합리적으로 효율적으로 진행시킬 수 있다는 것은 상사는 물론 상사와 관계를 맺은 사람들이 필요로 하는 정보를 적절한 형태로 전달하여 처리되는 기능적 구조를 만들 때 가능한 것이라 할 수 있다.

(2) 작업적인 측면

작업 면에서 본 비서의 업무는 크게 뇌의 활동을 중심으로 하는 움직임과, 신체의 활동을 필요로 하는 움직임으로 나눌 수 있다.

요컨대 뇌의 활동을 중심으로 하는 움직임에는 읽기, 듣기, 말하기, 전달하기, 쓰기, 생각하기, 익히기 등이 있고, 신체의 활동을 필요로 하는 움직임에는 다루기, 만들기, 정돈하기, 모으기, 조사하기, 접하기 등이 있다.

8. 전화응대

1) 전화응대의 소개

보급대수의 확대와 기능의 발달에 따라 전화는 단순히 의사소통의 수단을 넘어 각종 정보처리 수단으로서 효용과 가치가 갈수록 커지고 있다. 전화를 사용할 때에는 상대방을 볼 수 없으므로 자칫 무례해지기 쉽고 오해의 가능성도 높으므로 더욱더 조심스럽게 배려하여 예절을 지키도록 한다.

2) 전화응대의 연구방법

전화응대의 연구방법은 신문, 인터넷, 책, 잡지 등을 참고로 해서 조사했다.

3) 전화응대의 방법

(1) 전화에티켓

① 자세를 바르게 하고 통화한다.
② 용건만 간단히 하고 통화한다.
③ 통화 연결 시 상대를 오래 기다리게 하지 않는다.
④ 큰소리의 전화통화로 업무 분위기를 해치지 않는다.

⑤ 통화 중 부득이하게 다른 말을 할 경우에는 수화기를 막고 한다.
⑥ 육하원칙에 준하여 메모와 복창으로 내용을 정확히 한다.

(2) 전화를 거는 요령

직장에서의 전화는 학창 시절에 친구들에게 가볍게 거는 사적인 전화와 사뭇 다르며 무엇보다 전화를 걸기 전에 충분한 준비가 필요하다.

① 준비단계

상대방의 전화번호, 소속, 직급, 성명 등을 미리 확인한다. 이와 같은 확인을 하는 방법은 착오로 인해 상대방에게 폐를 끼치지 않게 하기 위해서며 시간이나 요금의 낭비도 막게 된다. 용건은 육하원칙으로 정리하여 메모한다. 이때 필요한 자료나 문서 등을 정리해 놓는다.

② 전화걸기

전화번호를 확인하면서 왼손으로는 수화기를 들고 오른손으로는 다이얼을 누른다. 번호를 정확히 하나하나 정확히 눌러서 오류를 방지한다.

③ 전화연결

상대방이 전화를 먼저 받아 스스로를 밝히면 잘 듣고 메모하여 인사 후 자신을 소개한다. 만일 찾는 사람이 아닌 다른 사람이 받으면 찾는 사람을 말하고 정중히 연결을 요청한다.

④ 찾는 상대가 있는 경우

간단히 인사말을 한 뒤 시간, 장소, 상황을 고려하여 용건을 말한다.

단 업무전화의 용건은 간결하게 하는 것이 바람직하다.

⑤ 찾는 상대가 없는 경우

전화를 건 목적을 분명히 하여 자신이 다시 걸 것인지 회신을 원하는지 전달한다. 자신의 성명, 회사, 소속, 전화번호를 확인해 준다.

⑥ 내용확인

통화내용을 다시 한 번 정리하여 꼭 확인한다.

⑦ 끝인사

용건이 끝났으면 '감사합니다.' 등 마무리 인사를 꼭 한다.

⑧ 종 료

업무전화는 건 쪽에서 먼저 끊는다. 받은 쪽이 먼저 끊으면 상대방이 용건을 다 말하기 전에 통화가 끝날 염려가 있기 때문이다. 그러나 상대방이 아주 윗사람일 경우에는 상대방이 먼저 끊은 것을 확인한 후 수화기를 내려놓는 것이 예의이다.

(3) 전화를 받는 요령

전화를 받는 속도와 목소리에서 그 회사를 알 수 있다고들 말한다. 이 말이 시사하듯 직장에서는 걸려온 전화를 받는 그 순간부터 자신이 회사의 대표자라는 마음가짐이 되어 있어야 하는 것이다.

① 벨이 울림

목소리를 가다듬고 바른 자세를 취한 뒤 3번 울렸을 때 받는 것이 적합하다. 벨이 너무 여러 번 울린 뒤에 받는 것은 상대방에게 실례가 된다. 사정이 있어 세 번 이상 벨 소리가 울린 후에 받았을 때는 "늦어서 죄송합니다." 하고 말하는 것이 상대방에 대한 예의이다.

② 전화 연결

우선 회사명과 부서명, 이름을 밝힌다. 회사 밖에서 걸려온 전화는 먼저 "감사합니다. 회사 관리부 홍길동입니다."라고 말하고, 교환을 거쳤을 경우에는 이미 회사명을 알고 있기 때문에 네, 관리부입니다. 라고 하는 것이 좋다. '여보세요, 여보세요.'라고 하거나 '어디시죠'라고 하는 것은 좋지 않다.

③ 지명 확인

상대방에 대한 확인을 한 뒤 간단한 인사를 하고 찾는 사람이 누군지 확인한다.

예) "실례지만 존함(성함)이 어떻게 되십니까? 어느 분을 찾으십니까?"

④ 지명인이 자신일 경우

곧 자신임을 말하여 확인해 주고 용건을 듣는다. 단 그때에는 꼭 메모를 준비한다. 용건이 끝나면 통화 내용을 요약, 복창하여 확인하고 양해를 구한 뒤 바로 내용을 알아본다. 이때 "잠시만 기다려 주십시오, 확인해 드리겠습니다." 등의 양해를 구하고 시간이 오래 걸릴 경우 다시 언제까지 회신을 할 것을 약속하고 전화를 끊는다.

⑤ 통화 내용을 확인

최종 전화 내역을 확인한다.

⑥ 끝인사

공손히 인사말을 전한다.

⑦ 종 료

상대방이 수화기를 내려놓는 것을 확인 후 조용히 수화기를 내려놓는다.

⑧ 사후조치

전언을 부탁받았을 때 즉시 전언 메모지를 담당자 책상 위에 갖다가 놓고 담당자가 돌아오면 메모지를 전달한다.

(4) 전화를 연결하는 요령

① 받을 사람이 자리에 있는 경우

㉠ 보류 버튼을 누르고 받을 사람에게 말한다.

　고객이 기다리지 않게 신속하고 정확하게 전화 연결을 한다.

㉡ 돌려 줄 때

　네. 연결해 드리겠습니다. 잠시만 기다려 주십시오. 등 이렇게 말한다.

㉢ 기다리게 할 때

　'죄송합니다. 통화 중인데 잠시만 기다려주시겠습니까?'라고 말한다.

㉣ 기다리게 했을 때

　'기다려 주셔서 감사합니다.'라고 대답한다.

㉤ 같은 이름이 있을 경우에는 성명과 소속을 확인

　동명이인 이름을 말하고 어느 부서 사람인지 확인하고 연결한다.

㉥ 조금 시간이 소요될 거라고 생각될 경우

괜찮으시다면 이쪽에서 다시 전화를 건다고 말씀을 드린다.

[illegible] 용건을 잘 몰라 담당자를 바꾼 경우

죄송합니다. 라고 말한 후 잘 모르는 사항이라고 답한 뒤에 담당부서를 연결해 준다.

② 받을 사람이 자리에 없을 경우

㉠ 부재중임을 알린다.

잠시 자리를 비운 경우: 출장, 휴가, 식사, 회의 등의 경우를 간단히 말하고 끝나는 시간, 귀가 예정시간 등을 미리 말한다.

㉡ 용건이 해결 가능한 경우

자신이 해결 및 처리를 할 수 있을 때에는 그 점을 알린다.

㉢ 용건이 해결 가능하지 않은 경우

전화 받을 사람이 꼭 해결해야 할 경우에는 꼭 육하원칙으로 적는다.

㉣ 전화 받는 자신의 성명을 재차 알려준다.

책임 있게 전화응대를 알려준다.

㉤ 끝인사 후 전화를 끊는다.

상대가 수화기를 먼저 끊는 것을 확인 후 수화기를 조용히 내려놓는다.

③ 특별한 경우의 응대를 연결하는 요령

㉠ 전화가 도중에 끊길 때

전화를 건 쪽에서 다시 해야 되지만 기다려도 오지 않을 때에는 전화를 받는 쪽이 다시 한다. 다시 통화가 되었을 때에는 실례했습니다. 등으로 통화를 계속한다.

ⓛ 처리하거나 조사하는 데 시간이 걸릴 때

예정 처리 시간을 알리고 업무 처리 후에 전화를 다시 한다.

ⓒ 전화가 잘못 걸려 왔을 때

잘못 걸려 왔음을 정중하게 이야기하고 다른 부서일 경우 전화

번호를 알려준다.

ⓔ 전화가 잘 들리지 않을 때

다시 걸도록 정중하게 상대방에게 말한다.

ⓜ 통화 중 손님이 온 경우

양해를 구한 후 수화기를 막고 손님을 응대한다.

ⓗ 손님이 있을 때 전화가 온 경우

정중하게 손님에게 양해를 구한 후 수화기를 들고 통화한다. 급한

내용이 아니면 정중하게 자리에 없다고 말한 후 양해를 구한다.

ⓢ 위 상사와 통화를 했을 경우

자기보다 위 상사가 부재 시에는 전화를 달라고 하면 결례이다.

이때는 재차 본인이 전화를 걸도록 해야 한다.

4) 전화응대의 중요성

오늘날 우리의 생활에서 전화는 없어서는 안 될 물건이다. 특히 비

즈니스 사회에서 전화의 가치와 효용은 절대적이다. 그런데 전화는

상대방의 얼굴을 직접 보지 못하고 대화하기 때문에 예절을 지키는

데 있어 자칫 소홀하기 쉽다. 전화를 거는 방법이나 태도에 따라 실

례가 되기도 하고 지나치면 상대방의 기분을 상하게 된다.

'전화는 회사의 얼굴이다.'라고 할 수 있을 정도로 전화응대 방법에

따라 회사의 이미지가 좌우된다. 전화를 거는 방법이나 받는 태도로 인하여 고객이나 상대방의 기분을 상하게 하는 것은 회사의 손실과 직결되고, 좋은 응대를 하기 위해서는 자세를 바르게 하고, 상대방과 대면하고 있는 듯이 이야기하는 것이 중요하다. 전화는 직접적인 경비만이 아니라 귀중한 시간도 소비한다는 것을 늘 머릿속에 두어야 하고, 특히 상대방에게 전화를 건 경우 상대는 하던 업무를 중단한 상태이고 긴 이야기를 할 형편이 아닐 수도 있다.

짧은 시간에 용건을 요령 있게 이야기하는 습관을 들여야 한며, 한마디로 비즈니스 전화 예절은 '신속하게, 정확하게, 정중하게'라는 말로 요약할 수 있다.

5) 전화응대의 필요성

얼굴을 볼 수 없는 상태에서의 만남이기 때문에 더욱 정성과 예의를 갖추어야 한다. 전화는 음성으로만 의사 전달이 되므로 상대방의 말에 따라 감정이 좌우되기도 한다. 그러므로 전화 통화에서는 자신과 상대방의 기분이 상하지 않도록 전화 예절에 유의하는 것이 좋다. 회사의 첫 이미지는 그 전화 받는 사람의 태도에서 나타나기 마련으로 직장에 있어서의 전화예절도 필수적이라 하겠다.

① 전화 예절 및 자세

㉠ 회사를 대표하는 마음으로 성의껏 대답한다.
㉡ 청각적인 요소만으로 나의 친절을 표현하는 경우기 때문에 더욱

표현에 주의하여 응대해야 한다.

　ⓒ 한 사람의 불친절한 응대가 이미지와 서비스 수준을 좌우한다.

② 전화응대의 3원칙

　㉠ 신속함

간결하게 통화하며 문의사항에 대한 보고나 결과 통보의 경우 예정시간을 미리 알린다.

늦어지는 경우에는 중간보고를 한다.

　㉡ 정확함

- 5w, 3h로 메모하는 습관을 기른다.

　5w-who(누가)-사람　　　　3h-how(어떻게)-방법
　　　when(언제)-때　　　　　　how much(얼마나)-경비
　　　where(어디서)-장소　　　　how many(얼마만큼)-수량
　　　why(왜)-이유
　　　what(무엇을)-목적

- 인사와 소속, 이름을 밝히는 첫 ment는 다소 천천히 정확히 하여 상대가 되묻는 일이 없어야 된다.
- 명확히 또박또박 발음을 한다.
- 메모를 받는 경우 해당자에게 정확한 내용을 반드시 전달하고 중요한 경우 재차 확인한다.

　㉢ 친절함

- 정성을 다하고 상대의 기분과 심리를 긍정적으로 만들어야 한다.
- 호칭이나 직함에 주의하고 단어 선택에 신경을 쓴다.

- 뭐라구요, ……라구요 라는 단어는 삼간다.

③ 전화응대의 바람직하지 못한 습관

㉠ 여보세요 또는 네 라고 첫인사하는 습관
㉡ 작은 목소리로 성의 없는 응대를 하는 습관
㉢ 고객 앞에서 개인적인 일로 전화를 길게 하는 습관
㉣ 메모 대신 기억력을 신뢰하는 습관
㉤ 상대와 말다툼하는 습관
㉥ 상대보다 먼저 전화를 끊어버리며 탁 소리가 나도록 내는 습관
㉦ 수화기를 어깨나 손을 걸치며 통화하는 습관
㉧ 내 전화만 잘 받으려는 습관

④ 전화 받는 예절

㉠ 전화벨이 3번 이상 울리기 전에 받는다.
㉡ 인사말, 소속, 이름을 활기찬 목소리로 정확하게 밝힌다.
㉢ 상대방의 용무를 확인하고 친절, 성실하게 답변한다.
㉣ 담당자와의 통화가 길어지면 양해를 구하거나 메모를 남긴다.
㉤ 찾는 사람이 자리에 없을 경우 대신 용건을 메모해서 전달해 준다.
㉥ 전화를 바꿔서 받은 직원이 대신 받고 이름을 먼저 말한 뒤 통화한다.
㉦ 통화가 끝날 때 정중한 말투로 인사를 한다.
㉧ 전화를 건 사람이 전화를 끊은 후 살짝 수화기를 내려놓는다.

전화는 준비할 시간을 주지 않고 즉각 고객의 행동에 반응해야 하

므로 항상 취해야 할 예절에 대하여 평소 준비하고 노력해야 한다. 이동통신 회사에 문의전화를 할 경우, 그들의 친절함은 이루 말로 표현할 수 없을 정도이다. 그만큼 전화로 마주치는 고객에 대한 친절은 매우 중요하다. 공중전화 사용 예절도 제대로 지켜져야 할 사항이다.

요즘은 핸드폰의 보급으로 공중전화에 길게 늘어선 줄을 별로 볼 수 없지만, 예전엔 공중전화 때문에 시비가 붙어 사람이 죽는 극단적인 상황에까지 이르는 경우도 있었다.

전화예절 중 요즘 가장 강조되어야 할 것은 무엇보다 핸드폰 예절이다. 개인 휴대전화의 급격한 확산으로 전화통화 횟수가 빈번해지고 있으며 그 이용 연령이 점점 낮아지고 있음을 고려할 때, 그에 따른 전화예절이 필수적이다.

전화응대, 우편물 취급, 서신발송에서도 세심한 부분까지 철저히 신경을 쓰고 있는 회사는 역시 체계적인 회사일 가능성이 크다. 전화응대의 중요성과 메모방법 등 비서가 갖추어야 할 전화예의 방법에 대해서 논하고자 한다.

6) 전화통화 시 주의사항

자기 자신이 회사의 얼굴이라는 마음가짐으로, 대답 한마디, 한마디에 신경을 쓰고 응대하는 것이 무엇보다 중요하다.

Q1. 전화연결 방법

A1: 상대방의 이름을 물어볼 때는 "실례지만 어디시라고 전해 드릴까요?"

(주의사항. 이 경우 절대 먼저 보스가 있다는 말을 하지 말고 물어야 합니다. 누구인지에 따라서 그 다음이 달라질 테니까요!)

A2: 바꿔 드릴 때.
"사장님, 홍길동(씨, 님) 전화하셨습니다."

A3: 2번의 경우 안 받으시겠다는 답을 주신다면 둘러대야 합니다.
(회의 중이신데 메모 드렸더니 연락처 남겨달라고 하셨다는……)

A4: 저 같은 경우는 이름, 상호, 전화를 건 목적 등등 여쭈어 보고 사장님께 바로 연결을 하지 않고, 전화를 한 분께는 잠시 기다려 달라고 한 후 사장님과 통화를 한 다음 기록해 둔 사항을 알려드리면 사장님께서 받으실지 아니면 안 받으실지 결정을 해주십니다. 보통 키폰을 사용하신다면 비서와 사장이 전화 중일 때, 기다리는 사람은 노래만 듣게 되어 있어서 괜찮습니다.
예) "네. 지금 사장님께서 회의 중이십니다. 전화를 받으실 수 있으신지 여쭈어 보겠습니다. 죄송합니다. 잠시만 기다려 주시겠습니까?"
그다음, 연결 후 받으시지 않겠다고 하시면 다시 기다린 분께 사과 말씀 올리고 핑계를 댑니다. 사장님께서 긴급한 회의라 메모 남겨 드리겠다는 등의 답변을 합니다. 그럼 알아서들 끊어요.

Q2. 핸드폰 연결1

A1: 안녕하십니까. 한 다음에 "○○ 회장님 되십니까?"
그담에 "여기는 ○○회사 ○○ 사장님이십니다." 하고.
"통화 가능하십니까. ○○ 사장님 연결해 드리겠습니다."
그냥 연결해 드린다든지…… 바꿔 드린다든지…… 그런 말을 씁니다.

A2: 전 그럴 경우, 먼저 메모를 해서 보스께 드립니다. 그리고 보스께
'연결할까요?'라고 여쭌 다음 하라고 하심 하구요. 됐다고 하심 직접 하
시거나 아님 당장 해야 할 필요성이 없는 경우입니다. 그리고 연결할 때
"통화 가능하시죠?"라고 하지 말고, ○○○ 사장 비서실입니다. "저희 보
스께서 통화 원하시는데 괜찮으십니까?"라고 여쭈는 게 더 맞는 게 아닐까
싶습니다.

Q3. 핸드폰 연결2

A1: 핸드폰이시면 "지금 통화 가능하십니까?" 여쭤 보구요. 직급이
몇 단계 이상으로 높으신 분이면 상사가 직접 하기도 합니다.

Q4. 손님이 계실 때 전화연결

A1: 메모를 통해 여쭤 보는 건 어떨까요? 결재판에 메모를 끼워서
"어디어디에서 전화 왔습니다. 급한 전화라고 합니다. 전화 연결해
드릴까요?"라구요.

Q5. 상사가 다른 업무 중이실 때는

A1: ①지금 회의 중이시라 통화가 좀 어렵다고 하시고 ②메모를 전달해 드릴까요, 아니면 다시 전화 주시겠습니까? 하고 ③ 그다음에 메모를 전달해 드리겠다 하고 용건을 물어보세요. 하지만 이 세 가지는 먼저 보스와 의논해 보셔야 됩니다. 보스마다 다르니까. 어떤 보스는 그냥 연결해라 하지만 어떤 보스는 메모를 전달해 주기를 바랍니다.

Q6. 상사의 핸드폰 번호 문의 때,

휴대폰을 안 가지고 다니신다고 말하기가 영 찜찜하면 지금 외부에서 회의 중이시라 전화 받으시기 힘드실 것 같은데, 끝나시면 사무실로 연락 주신다고 하셨으니 메모 남겨 주시면 사장님께 바로 말씀드리겠다고 하면 된다.

A3: ① 핸드폰이 직무실에 있습니다.(회의실에 있다고 말하세요) 다시 전화를 주시거나 메시지를 남겨주세요.

② 회의 중이신데 지금은 전화를 받기가 좀 곤란하십니다. 급하신 용무가 아니시면 다시 전화를 주세요. 메모나..

③ 무조건 지금은 전화를 받으실 상황이 아니니 메모를 남기시면 안 될까요. 죄송합니다.

지금 외부에서 중요한 회의를 하고 계십니다. 그래서 핸드폰이 꺼져 있습니다. 꼭 지금 전달이나 급하신 게 아니라면 메모를 남기시거나 다시 전화를 주십시오. 급하시면 기사님한테 연락을 해 드릴 테니 메모를 남겨 주시구요. 참고로 핸드폰 번호는 아무한테나 알려 드리면 안 되는 거 알죠? 만약 알아야 하는 사람이라면 이미 다 알고 있을 겁니다. 그런 전화를 받으신 후 좀 꺼림칙하면 상사께 물어 보세요. '이런 분한테서 전화가 왔는데 사장님 연락처를 알려 드려도 될까요?' 하구요.

Q7. 전화 받을 때 1

A1: ○○실을 말할 때 '님'자가 오면 방 자체를 높이는 거예요.
님자 붙이는 거 아닙니다. 어디어디 사장실입니다. 이거예요.
전화하시는 분은 손님이십니다..
손님이 전화할 때 '……님'을 붙이는 건 예의가 아니고요.
혹…… 사장님보다 높으신 분이 전화하실 때는 그분보다 사장님을 높이는 것이기 때문에 아닙니다. '사장실입니다'가 맞습니다.

Q8. 전화 받을 때 2

A1: '네, ○○ 출판사입니다.' 하고 받으시구. '누구누구입니다.' 하시면, 아, 안녕하세요? 지금. ○○ 중이십니다. 혹은 연결해 드리겠습니다. 하시고, 끊으실 때 '전화 주셔서 감사합니다.' '혹은 그냥 감사합니다.' 하시면 됩니다.

Q9. 전화 받을 때 3

A1: 예를 들어 강 상무님한테 전화가 왔다면요,
S : 감사합니다.~ ○○ 이사실입니다.
강 상무님 : ○○ 이사 좀 바꿔줘~

S : (목소리만을 듣고 강 상무님인줄 알았을 때) 강 상무님이세요?
안녕하세요? (때에 따라서는 '점심 맛있게 드셨어요?')

　　○○ 이사님 연결해 드리겠습니다.

Q10. 어떤 분이 전화하셨는데, 성함도, 전화번호도, 부서명도 못 들었어요.

A1: 전화 걸어 양해 구한 뒤 다시 여쭤 보세요. 그리고 포스트잇으
로 여기저기 붙여 놓아서 다신 같은 실수 안 하도록 노력해야 한다.

FIRST GRADE

비즈니스상 관련된 분이 급하게 전화 통화를 원하신다거나, 판단컨
대 보스가 현재 진행하시는 일과 관련된 급한 전화 통화라면 위와 같
은 방법을 쓰셔야 하구요.

SECOND GRADE

그냥 안부전화라든지, 일반적인 업무와 관련된 통화의 경우는 지금
회의 중이시니 많이 급하시지 않으시면 회의가 끝나시는 대로 전화
통화가 가능하시도록 메모 남겨 드리겠다는 정중한 표현으로 메모를
남겨 보스께 전달합니다. 이 방법은 곤란한 전화를 처리하는 방법이
기도 하지요.

Q11. 보스가 회의 중인데 직통전화가 울리면 어떡해야 하나요?

A1: 달려가서 받고 메모 남겨 드리거나 급한 전화는 연결해 드립
니다.

<table>
<tr><td colspan="4" align="center">전화 왔었습니다</td></tr>
<tr><td align="center">월</td><td align="center">일</td><td align="center">시</td><td align="center">분</td></tr>
</table>

연락주시기 바랍니다

다시 걸겠습니다

다음 사항의 부탁으로 걸었습니다

(전해 달라는 말씀)

___________ 사장님   귀 하

___________ 에 계시는

___________ 께서

☐ 전 화   ☐ 방 문

☐ 전화 걸어 달라고(T.   )

☐ 다시 전화하겠다고

☐ 만나 뵙자고 (일   시   분에)

☐ 다시 오겠다고 (일   시   분에)

☐ 안부전화였다고

메 모

월   일   시   분

응답자

전 화 메 모

2002 　　월　　　일 (오전, 오후)　　시　　　분

수신:　　　　상무님

발신:

내용:　1 전화 왔었습니다.

　　　2. 안부전화 왔습니다.

　　　3. 다시 전화하겠습니다.

　　　4. 전화 부탁하셨습니다.

　　　5. 전화 해 주십시오.

　　　　(☎:　　　　　　　　　　)

　　　　(H/P　　　　　　　　　　)

　　　6. 기　타

phone message

		Thursday 18 April
1	09:40	Mr.Steve Kraseinick (BK Management)
		안부전화
2	10:19	박민태 회장
		통화 요망 [이번 5월 10일 개최 예정인 총회 시에 협찬 요청]
3	11:00	Ms. Hiromi
		통화 요망 [4월 16일에 서울 입국, 롯데호텔 투숙 중]
4	11:10	나정숙 교수
		통화 요망 "지난 번 방문 시 말씀 드렸던 건 결과 기다립니다."
5	12:05	강석주 사장 "전화상으로 말씀드리기 곤란합니다.
		많이 바쁘시면 1분 만이라도 찾아뵙고 말씀드리겠습니다." [사장님께서 시간이 되시면 먼저 연락을 드리겠다고 여러 차례 안내를 해 드렸으나 계속적으로 면담 요청하심]
6	13:40	강문주 의원
		통화 요망 "다음 주말에 운동 가능하십니까?"
7	14:20	서상묵 장군
		"어제 전화 답전 드립니다."

7) 전화 피하는 방법 / 광고전화

① 일반형 부킹전화기 사용법.

[1] 시간맞춤 (전화를 걸지 않는 상태에서)

㉠ PROG 버튼을 삑-소리가 날 때까지 누른다.

㉡ HOLD 버튼을 누른다.

ⓒ 다이얼 버튼으로 시간을 누른다.

ⓔ AM, PM은 ＃ 버튼으로 수정한다.

ⓜ STORE 버튼을 누른다.

[2] 전화번호 기억. (전화를 걸지 않는 상태에서)

㉠ PROG 버튼을 삑-소리가 날 때까지 누른다.

㉡ 기억시킬 메모리 칸을 누른다.

㉢ 기억시킬 전화번호를 누른다.

㉣ STORE 버튼을 누른다.

[3] 부킹은 스피커폰으로 걸면 시작된다.

〈참고자료〉

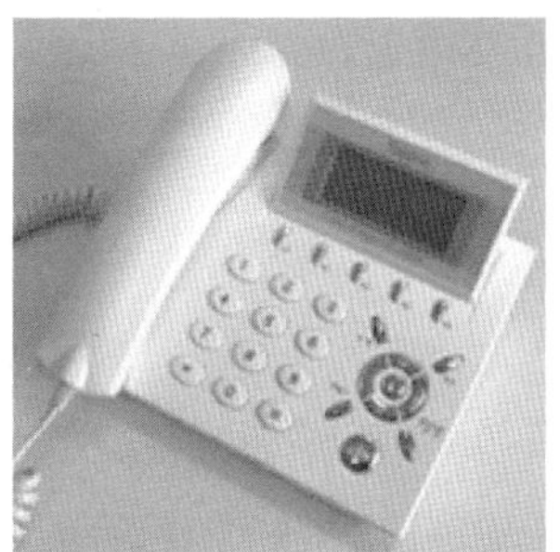

부킹전화기는 프린스라는 회사에서 상표등록 특허 출원을 해서 판매하고 있다.

9. 내방객 응대

1) 방문 시 요령

A1: (1)손님이 오시면 자리에서 일어나 인사한다.

(2) 어디시라고 여쭈고 사장님 방에 들어가 말씀드린다.

(3) 문을 열어 주고 손짓으로 안내를 하며 들어가시라고 한다.

(4) 손님이랑 사장님 분들이 얘기 중 차 얘기가 나올 때까지 문 앞에 서서 기다린다.

(5) 차 종류를 물어보고 차를 타 드린다.

(6) 차 내갈 때 손잡이는 오른쪽을 향해서 왼쪽 손을 오른손 옆에 살며시 대고 드린다.

(7) 차를 다 드린 후 등을 돌리지 않고 몇 걸음 뒤로 걸은 후에 나온다.

(8) 손님이 나가실 때 하던 일을 멈추고 문 앞까지 배웅한 후 인사한다.

Q2. 약속된 내방객이 오셨을 경우

A1: 우선 약속을 미리 정해 놓으신 분이라면 이름과 직책, 얼굴 정도는 알아보는 게 좋겠죠? 또 응접실 등을 사용한다면 미리 쓸 수 있도록 세팅해 두는 것도 하나의 센스입니다.

Q3. 약속되어 있지 않은 내방객 응대

A1: 사장님께 직접 여쭤 보세요. "이런 전화가 왔었는데 오시면 어

떻게 할까요?" 하구요. 약속 없이 오신 분은 무조건 다 메모나 명함 받아두고 돌려보냅니다(사장님의 지시사항). 특별히 아는 주요인사(안면이 있거나, 친한 친구 분들)는 빼고요.

A2: 더 높은 상사 분 방에 결재 받으러 가셨다고 한 후 다른 방으로 모시세요. 그 후에 상사 분께 메모를 넣은 후 안 만나시겠다고 하면 결재 들어가신 방에서 결재안건 때문에 급히 전체 회의를 한다던지 적당히 둘러대시고 명함이나 메모하고 전화번호를 적어둔 뒤 돌려보냅니다.

A3: 출장 가셨다고 거짓말하거나 외근 나가셔서 안 들어오신다고 합니다. 핸드폰 번호를 알려달라고 하면 비서도 개인적인 연락처는 알 수 없다고 말씀드립니다.

A4: 먼저 사장님께 사전에 말씀을 드리고 지시를 받은 후에 따르는 게 좋을 듯싶네요. 만약 사장님이 단호하게 그 사람과는 절대 연결시키지 말라고 지시하시면 그 사람이 찾아오건 전화를 하건 어떻게든 막아야 합니다. 계실 때 찾아왔다면 그 사람도 계신다는 걸 눈치를 챘을 겁니다. 그럼 지금 사장님은 결재 중이라고 말하고 일정이 있으셔서 바로 나가야 한다고 말한 후 다른 곳으로 안내하고 사장님께 말씀드리고 결정권을 넘깁니다.

Q4. 복수 내방객 응대

A1: 우선 선약을 하고 오신 거라면 상사 분의 대화 중 방해가 되

지 않는 선에서 "지금 선약하신 ○○○씨 접견실에 모셨습니다." 등의 메모를 넣어 드리는 게 좋습니다. 선약 없이 오신 손님이시라면 우선 기다리시기 전에 안쪽에서의 미팅이 길어질 수도 있는데 기다리시겠냐고 여쭈는 게 중요합니다.

A2: 폰으로 바로 사장님께 알려 드립니다. "누구누구 내방하셨습니다." 하고요. 그러면 사장님께서 판단하고 기다리거나 들어오라고 지시를 합니다. 손님이 오셨다는 걸 알려 드려야 손님도 안심하고 사장님 또한 시간조절을 할 수 있지 않을까요.

A3: 먼저 오신 분이 나가실 때까지 기다리다가 말이 길어질 거 같으면 사장님께 손님 오셨다고 메모를 전합니다.

A4: 나중에 오신 손님께 지금 사장님 손님 오셔서 미팅 중이시라 말씀드리구요. 기다리시겠냐고 여쭤 봅니다. 그리고선 좀 기다려 보고 사장님 말씀이 길어지실 경우는 메모나 그분 명함 받아서 가지고 들어갑니다. 사장님께서 지시해 주시는 대로 합니다. 손님 기다리시라 하면 그렇게 전하구요, 안 될 상황이면 조심스레 말씀드려 돌려보냅니다. 만약 약속하시고 오신 분이라면 바로 메모 가지고 들어갑니다. 꼭 정해져 있는 건 없는 거 같아요. 사장님의 방식에 따라야 하겠죠?

Q5. 사장님께서 거부하는 손님

A1: 먼저 사장님의 의견에 따르는 것이 좋을 듯싶네요.
사전에 말씀을 드리고 지시를 받으세요. 만약 사장님이 단호하게 그 사람과는 절대 연결시키지 말라고 지시하시면 그 사람이 찾아오건 전화를 하건 어떻게든 막아야 하겠지요. 하지만 사장님이 자리에 계실 때 찾아왔다면 그 사람도 계신다는 걸 눈치를 챘을 겁니다. 그럼 지금 사장님 결재 중이라고 말하고 '사장님 일정이 있으셔서 바로 나가셔야 합니다.'라고 말한 후 다른 데로 안내한 후 사장님께 일단 (상황을) 말씀을 드리세요. 그럼 사장님이 결정하신 후 말씀해 주십니다.

Q6. 상사의 급한 귀가 시

A1: 오신 손님에게 정중히 "오늘 사장님께서 급히 일이 생겨서, 오후에 퇴근하셨습니다. 죄송합니다만, 오늘 약속을 다음으로 미뤄야겠습니다.(사장님 스케줄을 보고) 내일 오후에 시간적 여유가 있으십니다. 어떻게 하겠습니까? 내일 다시 오시겠습니까? 아니면 손님이 원하시는 날로 정해 주십시오. 사장님께 여쭙고 빨리 연락을 드리겠습니다."까지 입니다.

A2: '사장님께 급한 일이 생겨, 오늘 약속을 미뤄야 할 것 같습니다.' 하고 사장님 일정표를 보고 언제 언제(두 개 정도의 날짜)시간이 가능할 것 같은데 어떠십니까? 하고 선택하게 하면 어떨지. 상대방으로 하여금 자기와의 약속은 중요치 않다는 인상도 주지 말아야 하고, 이 날밖에 없는데 당신이 맞춰라. 이런 느낌도 주지 않아야 할 것 같아요.

A3: 선약한 거래처 방문이라면 회사에 방문하시기 전에 먼저 연락을 드렸어야죠. 헛걸음하시지 않게요. 만약 비서가 모르고 있는 상황에서 보스도 깜빡하셔서 미처 연락을 드리지 못했다면, 정중하게 사과말씀

드리고 다시 스케줄을 잡도록 해야겠죠. 근데 상황에 따라 너무너무 많은 대처방법이 나올 수 있는 직업이라서 가끔 너무 어렵긴 해요.

　○○○ 상사가 자리를 비웠을 경우

v　　대리자를 만나게 한다.

v　　전할 말을 물어본다.

v　　다시 방문하도록 한다.

v　　이쪽에서 다시 전화 연락을 취한다.

Q7. 저희 상사보다 높은 분이 내방하셨을 땐?

A1: 보통 때보다 더욱 신경을 써야 하겠죠. 특별한 차 등을 준비하여 대접받고 있다는 느낌을 주는 것이 좋은 방법일 것 같아요.

A2: 상사보다 높은 경우, 대부분이 상사보다 연로한 분들이 많아요. 특히 회의 중 화장실이나 볼일로 다른 부서에 방문하실 경우는 반드시 수행 비서를 섭외해 두는 것도 좋겠네요.

Q8. 나만 아는 손님?

A1: 손님 안내 시 상사께 살짝 메모를 전달해 드려요.

A2: 저는 결재판이나 명함을 대신 전하는 척하면서 결재판에 메모를 붙여 드렸어요. 그랬더니 상사님께서 기억하셔서 잘 넘어갔었답니다.

　예를 들어 "S기업에 장동건 전문님으로 작년에 협회 건으로 전화 주신 적 있습니다."라고 적어 드리면 될 것 같아요.

Q9. 출입물건에 대해

A1: 저희 회사는 규정상 노트북을 들고 들어갈 수 없습니다. 꼭 회의상 들고 들어가셔야 한다면 제가 승인을 해 드린 후 스티커를 붙이신 후 들어가게 하시면 됩니다.

Q10. 명함 받은 후

A1: 인상착의 앞에서 메모를 하는 것은 예의가 아니지요. 저 같은 경우에는 명함을 받으면 성함을 확인만 한 후 손님께서 가시면 바로 손님의 인상착의를 명함 뒤에다 적습니다.

2) 물품 보관

Q11. 옷 보관함

A1: 키 높이 조절 가능한 행거를 하나 장만하세요. 위치는 사장실 근처에 놓으시면 될 것 같아요.

A2: 저는 제 개인 보관함이랑 같이 보관하다가 한 번 혼난 적이 있습니다. 꼭 따로 보관하는 곳을 만드세요. 지금 제가 쓰는 방법은 작은 수첩에 옷 그림과 성함을 같이 써 놓는데 물건을 다시 드릴 때 편리합니다. 처음 사소한 좋은 습관이 나중에 멋진 센스가 되지요!!

Q12. 손님이 사소한 물건을 놓고 가셨을 경우

A1: 자주 오시는 내방객이라면 포스트잇에 날짜와 두고 가신 성함을 적어서 나중에 오실 때 잊지 않고 드리면 좋습니다.

A2: 바로 전화를 드려 잊고 가신 물건을 되돌려 드립니다. 갑자기 찾아오셔서 화를 내시는 경우를 보았기 때문에 이제는 꼭 연락을 드린 후 원하시는 대로 해 드립니다.

Q13. 놓고 간 물건 알고 보니 뇌물?!

A1: 즉시 상사님께 알려야 하는 것이 바람직한 것 같아요. 괜히 혼자서 처리했다가 나중에 상사님께서 불이익을 당할 수도 있으니깐요.

A2: 먼저 놓고 가신 손님께 바로 전화를 해서 확인한 후 다시 돌려 드린다고 말씀드리는 것이 좋을 것 같아요.

Q14. 내방객 안내요령은?

A1:
(1) 내방객의 오른쪽 대각선 방향으로 방문객보다 두서너 걸음 앞에 서서 보조를 맞추며 걷는다.
(2) 항상 안내하는 곳이 몇 층이고 엘리베이터 좌측 또는 우측에 있다는 것을 미리 설명.
(3) 계단을 오를 때는 방문객이 앞서도록 한다. 내려갈 때는 안내

자가 앞선다.

(4) 엘리베이터는 승무원이 있는 경우는 외부인 또는 윗사람이 먼저 탑승하지만 없는 경우는 비서가 먼저 타고 문이 닫히지 않도록 한 후 손님이 타면 목적 층의 단추를 누른다.

(5) 내릴 때는 손님이 먼저 내리도록 한다.

Q15. 몸이 불편하신 손님

A1: 일단 몸이 불편하시니깐 당연히 부축을 해 드려야 하는 것이 맞다고 생각해요. 하지만 손님께서 불편해 하실 수도 있으니깐 손님께 도와 드릴까요? 라고 물어본 후 도와 드리는 게 좋을 것 같아요.

Q16. 지사에서 손님이 오셨는데 어떻게 물어보나요?

A1: 명함을 달라고 하던지, "어디서 오셨다고 여쭐까요?" 이렇게 말합니다.

Q17. 손님 안내 중 회사 내 다른 상사를 마주친다면?

A1: 같은 직급의 경우에는 목례하구 가볍게 웃음 정도 하면 될 것 같아요.

A2: 높은 상사의 경우에는 평소와 같이 예의를 갖추어 인사를 합니다.

Q18. 엘리베이터 배웅 시

A1: 센스 있는 내방객이라면 알아서 내리시겠죠?

A2: 내방객에게 죄송하지만 다음 엘리베이터로 내려가시겠습니까? 하고 조심스럽게 여쭈는 것도 좋은 방법일 듯해요.

A3: 내방객을 먼저 보내고 비서는 계단으로 빠르게 뛰어가서 엘리베이터 앞에서 기다리는 발 빠른 방법도 있지만 좀 힘들겠죠?

3) 차, 다과 접대(기념품)

Q19. 차를 내기 전

A1: 여쭤 보지 않고 나이 드신 분들은 대부분 한차 드리고, 점심식사 후에 오시는 분은 녹차, 그리고 날씨가 춥다 싶으면 유자차, 이런 것들을 제 나름대로 판단해 드립니다. 그런데 한국 차는 반응이 아주 좋더군요.

A2: "차를 무엇으로 준비해 드릴까요?"라고 여쭤 봐요. 커피를 원하실 경우 "어떻게 드십니까?"라고 추가로 여쭤 보고요. 비서 마음대로 갖다 주는 건 아닌 듯싶네요. 별 말씀 안 하시면 무관하지만요. 식사 직후가 아님 대부분의 손님들께 녹차나 홍삼차를 드려요. 왜냐하면 나이 드신 분들은 설탕을 가리는 분이 많더라구요. 홍삼차는 무지 좋아하십니다.

A3: 저도 상대에 따라 때때로 여쭙기도 하죠. 물론 커피가 싫으신 분들은 먼저 말씀해 주시는 경우가 대부분입니다.

(안면이 있는 경우) 손님의 차 취향을 기억하는 것도 한 방법이 되겠지요. 무난한 차로 접대하는 것이 보통이죠. 종류를 많이 구비해 놓으시면 편하실 텐데, 두 잔째 올려야 할 상황이면 보리차, 옥수수차, 둥글레차 등 부담 없는 차로 대체합니다.

Q20. 공항에서의 외국인 방문객 전송1

Visitor: Thanks for coming to the airport to see me off.

v: 저를 배웅하러 공항까지 나와 주셔서 감사합니다.

Secretary: Don't mention it. We are going to miss you.

s: 별말씀을요, 우리는 선생님이 보고 싶어질 겁니다.

v: I'll miss you, too.

v: 저도 여러분을 그리워할 겁니다.

s: I think you're going to have a good trip. And the weather is very beautiful.

s: 제 생각에는 여행이 즐거울 것 같습니다. 날씨가 아주 좋거든요.

v: yes. I hope it will continue.

v: 예, 저도 이런 날씨가 계속되기를 바랍니다.

s: I prepared a little present for you in memory of coming to Korea. This is a mask called "Hahoi mask"

v: Thanks you, Miss Song, I shall long treasure your nice.

s: Have a nice trip! 즐거운 여행 되십시오.

v: Thanks. I'll send you a card as soon as I get to my home. Thank you so much for everything, Miss Song.

v: 고맙습니다. 집에 도착하는 대로 카드를 보내겠습니다. 그동안 여러 가지로 고마웠습니다. 미스 송.

s: Think nothing of it. It was my pleasure. Good bye, Mr. Major.

s: 그런 생각 하지 마십시오. 제가 즐거웠습니다. 안녕히 가세요.

v: Good bye, Miss Song. v: 안녕히 계세요, 미스 송.

Q21. 비예약 외국인 손님 거절하기

손님: こんにちは。やまださんはいらっしやいまっすか。

안녕하세요, 야마다 씨는 계신가요?

비서: もうしわけございませんが、どのようなごようけんでしようか。

죄송합니다만, 무슨 일로 오셨지요?

손님: にほんさんぎょうのたなともうします。

일본산업의 다나카라고 합니다.

とうしやのしんしょうひんについてごしょうかいさせていただきたいんですが。

저희 회사의 신상품에 대해서 소개해 드리고 싶습니다만.

비서: それではやまだにきいてみますので、しょうしょうおまちください。

그럼, 야마다 씨에게 여쭤 보겠으니 잠시 기다려 주십시오.

인터폰 후) たいへんおまたせいたしました。

오래 기다리셨습니다.

あいにくやまだはちよつといそがしいですが、

공교롭게 야마다 씨는 조금 바쁘십니다.

そのうえ、ほんじつはいちにちじゅううちあわせがありますので、ごよやくのうえおこしください。

게다가 오늘은 하루 종일 협의가 있으니 예약한 뒤에 와 주십시오.

손님: それではまたべつのきかいにおうかがいします。

그럼 또 다음 기회에 찾아뵙겠습니다.

やまださまによろしくおつたえください。

야마다 씨께 안부 전해 주십시오.

비서: もうしつたえておきます。

전해 드리겠습니다.

10. 회의 전·후 비서의 할 일

1) 국제회의 정의와 종류

(1) 국제회의 정의

관광진흥법 제3조에 "대규모 관광수요를 유발하는 국제회의(세미나. 토론회. 전시회 등을 포함한다. 이하 같다)를 개최할 수 있는 시설을 설치, 운영하거나 국제회의의 계획, 준비, 진행 등의 업무를 위탁받아 대행하는 업"이라고 정의되어 있다.

(2) 국제회의업의 종류

①국제회의시설업: 대규모 관광수요를 유발하는 국제회의를 개최할

수 있는 시설을 설치, 운영하는 업

②국제회의기획업 : 대규모 관광수요를 유발하는 국제회의의 계획, 준비, 진행 등의 업무를 위탁받아 대행하는 업

2) 국제회의 기준 및 분류

(1) 국제회의 기준(전문기구나 국가마다 약간 다름)

1) 국제회의산업육성에 관한 법률에 의한 국제회의	국제기구 또는 국제기구에 가입한 기관 또는 법인, 단체가 개최하는 당회 회의에 5개국 이상의 외국인이 100인 이상으로 3일 이상 진행되거나 국제기구에 가입하지 아니한 기관 또는 법인, 단체가 개최하고 회의참가자 중 외국인이 150인 이상으로 2일 이상 진행되는 세미나, 토론회, 학술대회, 심포지엄, 전시회, 박람회, 기타 회의.
2) 국제협회연합 (UIA)	국제기구가 주최, 후원하는 회의 또는 국제기구의 국제단체가 주최하는 회의로 전체 참가자수가 300인 이상이며, 그중 외국인이 40% 이상으로 참가국 수가 5개국 이상이고 회의 기간이 3일 이상인 회의.
3) 세계 국제회의 전문협회(ICCA)	정기적인 회의로서 최소 4개국 이상을 순회하면서 개최되고 참가자가 50명 이상인 회의
4) 아시아 국제회의 협회(AACVB)	2개 대륙 이상에서 참가하는 국제회의, 동일한 대륙 내에서 2개국 이상의 국가가 참가하는 지역회의, 참가자 전원이 자국이 아닌 타국에서 개최하는 국외 행사. 공인된 단체나 법인이 주최하는 회의, 학술 심포지엄, 기업회의, 전시, 박람회, Incentive Tour 등 다양한 형태의 모임 중에 외국인이 전체 참가자의 10% 이상이고 참가자들이 상업적 숙박시설을 이용하는 행사.

(2) 국제회의 분류

① 국제회의산업: 국제회의 유치 및 개최에 필요한 국제회의시설, 서비스 등과 관련되는 산업
② 국제회의시설: 국제회의의 개최에 필요한 회의시설, 전시시설 및 이와 관련된 부대시설 등으로 정문회의시설, 준회의시설, 전시시설 및 부대시설.

3) 국제회의시설의 종류 및 특징

(1) 국제회의 종류

① 회의(Meeting) – 모든 종류의 모임을 포함시킬 수 있는 가장 포괄적인 용어
② 컨벤션(Convention) – 가장 일반적으로 사용되는 회의 분야의 용어. 순수 회의와 달리 기타 부대행사와 특히 전시회가 수반되는 경우가 많다.
③ 컨퍼런스(Conference) – 컨벤션과 유사하게 사용되고 있는 형태의 회의. 컨벤션에 비해 토론회가 많이 열리고 참가자들에게 토론의 기회도 주어진다. 컨퍼런스는 주로 학문분야, 과학, 기술 등 새로운 지식을 습득하거나 특정문제 연구를 위한 회의를 의미한다. 또한 컨퍼런스는 프랑스에서는 외교적 성격의 국제회의를 의미하며, 미국에서는 주로 회의를 기본으로 하는 국제적 집회의 의미로 사용된다.
④ 컨그레스(Congress) – 대표자들에 의한 회의, 집회, 회담 등을 의미하며, 사회과학, 자연과학 분야의 각종 학회에서 개최하는 회의가

이러한 유형에 속한다고 할 수 있다. 유럽에서는 컨그레스를 컨벤션과 유사한 의미로 사용하고 있음.

⑤ 총회(Assembly) - 협회나 국제기구처럼 공동의 목적을 갖고 일시에 집회하는 행위를 의미한다. (예: 유엔총회, 정기총회 등)

⑥ 포럼(Forum) - 특정 주제에 대해 그 분야의 전문가들이 사회자의 주체하에 서로 다른 견해를 청중 앞에서 전개하는 공개토론회를 의미한다. 포럼의 특징은 청중도 의견을 자유롭게 발표할 수 있다는 것이며, 청중과 전문가의 의견을 사회자가 종합한다.

⑦ 심포지엄(Symposium) - 포럼과 매우 유사한 형태의 회의로서 제시된 문제나 안건에 관하여 전문가들이 연구 결과를 중심으로 청중 앞에서 벌이는 공개토론을 말한다. 포럼과 비교할 때 다소 형식을 갖추어 회의를 진행하며, 청중의 질의 기회도 제한된다.

⑧ 패널(Panel) - 청중이 모인 가운데 사회자의 주도하에 서로 다른 발표자가 전문적 의견을 발표하는 일종의 공개토론회로서 청중도 의견을 발표할 수 있다. 패널의 특징은 전문가의 발표 비중이 높아 청중의 기회가 제한적이라는 면에서 심포지엄과 유사하며, 청중에게 의견발표 기회가 주어진다는 점에서 포럼과 유사하다

⑨ 세미나(Seminar) - 주로 교육적인 목적을 갖고 진행하는 회의로서 참가자와 발표자가 단일한 또는 특정 주제에 대해 발표, 토론함.

⑩ 워크숍(Workshop) - 보통 30여 명의 인원으로 개최되는 소규모 회의. 보통 참가인원이 특정문제에 대하여 새로운 기술, 지식, 연구방법 등을 교환하게 된다.

⑪ 전시회(Exhibition) - 무역, 산업, 교육, 상품, 서비스 등에 관련된 판매업자들이 전시회와 함께 이들 분야와 관련된 회의를 함께 개최하는 경우가 많다.

국제회의의 분류는 기준을 어디에 두느냐에 따라 다양하게 분류될 수 있으나, 크게는 주최자에 의한 분류, 회의형태에 따른 분류로 나눌 수 있다.

(2) 국제회의 특징

① 대량 관광객 유치 사업

대량 관광객 유치 사업이라는 특징을 갖는다. 컨벤션은 동시에 많은 수의 관광객 유치 효과를 기대할 수 있다. 왜냐하면 개개인의 목적과 취향이 다른 일반관광객과는 달리 컨벤션은 공동의 목적에 의한 여러 도시 혹은 국가 간 다수인이 모이므로 손쉽게 단체 관광객을 확보할 수 있기 때문이다.(1994년 12월 말 현재) 우리나라 국제행사 건수는 308건에 206,107명이었다. 1991년도 우리나라에서 37%이었으며, 1000명 이상의 대규모 컨벤션도 12%를 차지하였다. 1990년도 우리나라에서 개최되었던 컨벤션은 모두 220건으로 109,872명이 참가하여 한 건당 평균 참가자가 499명으로 나타났으며, 1991년도에는 한 건당 평균 참가자가 512명인 것으로 나타났다.

② 장기체류형 관광사업

장기체류형 관광사업이라는 것이었다. 일반적으로 관광객들의 우리나라 체재 일수는 통상 4박 5일 정도로 대부분이 서울권에 체재하고 있으며, 한국이 경유지로 선택되는 경우도 많으나 컨벤션 참가자들의 경우에는 우리나라가 최종 목적지가 되기 때문에 평균 체제 일수가 6일 이상으로 나타나고 있어 다른 목적의 여행보다 장기 체류하는 것으로 나타났다.

③ 전천후 관광사업

전천후 관광사업이라는 것이다. 대부분의 관광 상품은 다른 제조업과는 달리 계절적인 요인의 영향을 많이 받는다. 계절성(seasonality)이란 매년 다른 시간대에 있어서 관광수요의 변동을 말하는데, 관광 상품의 여러 가지 특징 중의 하나이다. 컨벤션 산업 비수기(12월~3월) 동안의 마케팅 대책으로는 가격인하나 계절성을 극복할 수 있는 시설이나 행사를 계획하는 것이다. 컨벤션 관광은 다른 리조트 관광에 비해 계절성의 영향을 따라서 국제회의 관광은 대량 관광객이 장기 체재하는 전천후 관광사업이며, 이에 따른 파생효과는 1인당 평균 소비액도 다른 목적의 관광객보다 높을 뿐만 아니라 컨벤션, 레스토랑, 소매상, 기념품상, 항공사, 여행업 등의 관광 관련 산업에 경제적 영향과 승수 효과를 파급시킨다는 것으로 알 수 있다.

4) 국제회의산업의 중요성과 파급효과

(1) 국제회의산업의 중요성

유럽에 65%의 국제회의 본부가 위치하고 있으며 국제회의 산업은 정치적, 경제적, 문화적, 관광적으로 많은 파급효과가 크며 지금 세계는 글로벌 시대를 맞이하여 점차 교류가 커가고 있다. 우리나라의 경우 88올림픽을 개최하고, 93대전엑스포를 성공적으로 개최하고, 2000년 아시아 유럽 국가들이 모인 ASEM 국제회의를 비롯하여 곧 있으면 2002 월드컵이 개최된다. 이렇게 글로벌 시대인 만큼 국가적 교류가 많아지면서 국제회의의 중요성이 한층 부각되고 있다.

(2) 국제회의 파급효과

① 정치적 파급효과

첫째, 국내외 참가자들에게 개최국가 및 개최지를 소개함과 동시에 이들을 통한 국내외 홍보효과를 기대할 수 있다. 둘째, 참가자들의 좋은 인상은 결국 민간외교에 기여한다는 것이고, 셋째, 이러한 호의적 경험자들, 즉 국제회의 참가자의 대부분은 해당 분야에서 영향력을 크게 행사할 수 있는 지도급 인사로서 자신의 방한에 따른 제반 사항을 관련 단체와 주위의 주요인사와 접촉하여 논의함으로써 국제적 영향력의 증대에 기여할 것이다. 넷째, 궁극적으로 평화통일 외교정책 구현에 기여한다는 것이다.

② 경제적 파급효과

첫째, 순수 관광객에 비하여 국제회의 참가자는 체재 일수가 길고 외화소비액도 3배 이상이 되어 고액의 외화 획득의 기회가 된다는 것이고, 둘째, 국제회의산업은 이에 수반되는 항공산업, 여행업, 호텔업, 나아가 일반소비재 산업에까지 큰 변화와 발전을 가져와 고용증대에 기여하고, 셋째, 세수입 증대의 효과가 있으며, 넷째, 국제회의를 통해 활발한 최신정보, 기술의 입수 및 교류가 가능해지고, 다섯째, 국제수지 개선에도 기여한다는 것이다. 한국관광연구원에서 발간한 국제회의산업 육성 기본계획(안)에 따르면, 국가 전체적으로 컨벤션 산업에 의한 지출액은 2001년 13,279억 원, 2003년 14,972억 원, 2005년 16,730억 원으로 추정된다.

③ 사회·문화적 파급효과

첫째, 개최지의 지역문화의 발전에 도움이 되고, 둘째, 지속적인 국제회의 개최지의 사회 기반환경의 정비와 확충을 촉진하게 된다. 지역 교통망과 숙박시설의 확충, 공항·항만 시설의 정비 등을 통하여 지역 내외 생활환경과 기반환경의 개선이 이루어지게 된다. 셋째, 시민의식의 향상이라는 긍정적인 영향력이 있다. 넷째, 국제친선의 도모 증대, 다섯째, 지방의 국제화에 기여한다는 것이다.

④ 관광산업적 파급효과

첫째, 외래 관광객 다량 유치로 관광산업의 수지에 큰 도움이 된다. 국제회의산업과 관광산업은 많은 유사성을 가지고 있으면서도 상호 직접적인 영향을 미치는 보완관계에 있다. 둘째, 비수기 타개책으로서 연중 꾸준한 수요를 창출할 수 있다는 이점이 있고, 셋째, 체재 일수 연장의 원인이 되고, 넷째, 양질의 관광객을 유치할 수 있고, 다섯째, 지역 이미지 제고에 도움이 된다고 할 수 있다. 국제회의의 개최는 숙박, 쇼핑, 수송 및 관광으로 이어지는 파급효과(spill over)가 광범위하며, 개최지에 미치는 긍정적인 효과가 매우 크다. 더욱이 국제회의산업은 비수기를 타지 않아 순수 관광객의 발길이 끊기는 비수기에도 수요를 창출할 수 있다는 이점이 있다.

5) 컨벤션센터의 세부 업무

①행사기획	· 유치단계의 업무기획 · 사무국 설치 및 운영 · 행사계획서 작성 · 예산 편성 · 행사추진 일정표 작성 · 영수증, 등록양식 등 각종 문서 양식 제정 · 결과보고서 작성
②행사장 조성 및 운영	· 행사장 필요시설 확정 · 각종 사인물 디자인 및 제작 · 각종 제작물 배치
③전시회장 조성 및 운영	· 전시회 개최 준비 · 전시회장 LAY-OUT 작성 · 전시회 개최
④시청각 기자재 설치 및 운영	· 음향 및 조명 설치 운영 · 사진, 비디오 제작
⑤등록처 조성 및 운영	· 등록 전산프로그램 개발 및 운영 · 등록 기본계획 수립 · 등록 소요물품 선정 및 제작 · 등록요원 교육 및 운용
⑥학술행사장 운영	· 회의진행 관리 · 통역요원 관리
⑦학술프로그램 운영	· 학술프로그램 작성을 위한 준비 · 프로그램집 제작
⑧관광분야	· TOUR PROGRAM 준비 · 동반자 PROGRAM 준비
⑨수 송	· 셔틀버스 운행계획 수립 및 운용 · 공항, 호텔, 행사장 간 수송
⑩숙박분야	· HOTEL 객실수급 · HOTEL 배정통보
⑪홍보업무	· 포스터, 로고, 엠블렘, 명찰, 프로그램, Announcement 등 디자인 및 인쇄 · 기념품 제작 및 배포 · Congress News 제작 및 발행 · 매스컴 홍보 및 언론간담회 실시 · 기타 각종 홍보물 준비
⑫기타 공연 및 이벤트 행사 개최	

6) 컨벤션센터의 내부 정보화 시스템

국제회의 컨벤션센터는 각 센터마다 약간의 차이가 있지만 크게 회의장, 부대시설, 전시회장이 있는데 회의장에 있는 회의 시스템에 대해서 알아보도록 하겠다.

(1) 회의를 위한 시스템(각 센터별 현황)

① 화상회의 시스템 (video-conferencing)

기술의 진보와 함께 회의의 발표를 고양시키는 데 사용될 수 있는 새로운 방법이 등장하고 있다. 가장 잘 알려진 기술적 진보 중의 하나가 화상회의라고 생각된다. 국제원격회의(International Teleconferencing) 협회(International Teleconferencing Association)의 정의에 의하면 화상회의는 오디오와 비디오를 결합하여 음성통신과 동영상 모두를 제공하는 텔레커뮤니케이션 시스템이라고 하였다. 화상회의는 일장 비디오 (One-way video)와 쌍방 오디오 전송(Two-way audio transmission)이 가능하다.

COEX (서울컨벤션센터)의 회의장 시스템 현황	·COEX는 최첨단 국제회의 시설을 갖추고 있다. 이는 아시아 최고 규모이며, 각 홀들은 동시통역 및 A/V시스템을 비롯한 각종 정보통신 인프라를 구축하고 있다. ·컨벤션 홀과 Grand Ballroom은 회의장 크기, 좌석 배치, 조명설비 등을 자동으로 조절할 수 있도록 설계되어 행사의 규모와 성격에 따라 자유로운 공간 연출이 가능하다.
BEXCO (부산전시회무역센터)의 회의장 시스템 현황	·매머드급 시설의 최첨단 가변 공간의 컨벤션 시설과 회의, 콘서트, 패션쇼, 연회, 등의 다기능적 공간구성과 3층 대회의실, 최대 2,800명 수용할 수 있는 시설을 갖추고 있다. ·8개국 동시통역시스템 및 화상회의 시스템을 비롯한 각종 첨단 프레젠테이션 장비를 갖추고 있다.

EXCO (대구 전시회 무역센터)의 회의장 시스템 현황	·4,200명까지 수용이 가능한 3,872㎡(1,171평) 규모의 5층 컨벤션 홀은 기둥이 없으며 6개국 언어 동시통역 시설, 첨단 조명·음향 시스템, 대형 스크린(4X6m) 등을 갖추고 있어 국제회의는 물론 콘서트, 패션쇼, 연회, 리셉션, 전문전시회까지 어떤 행사도 연출할 수 있다. ·2~5층에 있는 다양한 규모의 11개 회의실은 각각 15명에서 540명까지 총 1,700여명을 수용할 수 있으며 3개국 언어 동시통역 시설, 빔 프로젝터, 화상회의 시설 등을 완비하고 있다.

② 동시통역시스템

복합적인 회의, 동시통역시스템으로 대규모 회의 등에 사용되며 SONY기술의 종합시스템이다. 120석의 delegate와 표결사항을 바로 확인할 수 있는 전자투표시스템, 발언자 마이크를 컨트롤하는 기능, 적외선 방식 채용, 화상회의와 연결하여 다자 간, 다국적 간의 회의 및 의결사항을 실시간 진행할 수 있다. 또한 국제회의에 참석한 참관객에게 깨끗하고 선명한 음성을 전달해 주는 기능을 한다.

③ 음향시스템 P.A (Public Address)

음향시스템은 전기적인 기기 구성으로 소리를 증폭시키기 위해 고안되었다. 목적은 많은 사람들이 더 잘 듣도록 돕는 것이다. 멀리 있는 사람들에게 소리를 정확히 전달하는 것이다. 구성은 마이크, 기타 입력 장치(CD, 카세트 등), 스피커, 앰프, 효과기 등이며, 설치 장소는 교회, 사찰, 학교, 강당, 마을, 대형슈퍼마켓 등이다.

④ 빔 프로젝터

화면의 강조하고자 하는 부분을 확대 가능한 부분 확대 기능, 다양한 신호를 재생 시 자동적으로 데이터의 누락을 방지하는 HI-리사이징 기능, 화면상의 왜곡현상을 보정해 주는 Keystone 보정 기능, PC

화면을 프리젠테이션하면서 VRT, DVD 등의 아날로그 신호를 PC화면 내에 표현이 가능한 Picture in Picture 기능을 하고 있다.

(2) Web Kiosk (인터넷안내시스템)

근래 급속히 확산되고 있는 인터넷의 수많은 정보를 터치스크린 방식으로 누구나 편리하게 사용할 수 있는 무인정보단말기를 말한다. 각종 전자 카탈로그 및 전시물과 관련된 웹 사이트를 직접 연결하도록 하여 관람객들의 이해를 돕고 전시회의 효과도 높인다. 특히 사용자가 임의로 시스템을 끝내거나 인터넷상의 원하지 않는 웹 사이트로 이동하는 것을 막아 제공자가 제공을 원하는 정보들에 머물도록 함으로써 각종 전시장에서 더욱 유용하다.

*** KIOSK의 특징**

① 인터넷 사용이 간단하다.

일반 브라우저 넷스케이프나 모자익은 키보드나 마우스로 어렵게 조작하여 원하는 사이트에 접근을 한다. - 그러나 Web Kiosk^{TM}는 인터넷을 전혀 몰라도 누구나 손쉽게 사용이 가능하도록 설계되어 있다. - 인터넷 연결 시 복잡한 조작이 필요 없이 손끝의 가벼운 터치만으로 즉시 연결하여 내용을 볼 수 있다.

② 기존에 제작된 홈페이지(웹 사이트)를 보다 많은 대중에게 확산시킨다.

결코 싸지 않는 비용을 들여 구축한 Home Page의 내용을 많은 대중에게 보여주기 위한 수단으로서 Web Kiosk^{TM}는 가장 좋은 도구이다. 원하는 장소에 설치만 할 경우 누구나 자유롭게 보고 즐길 수 있어 대중에게 효과적인 정보전달을 할 수 있어 Home Page의 홍보효과를 최대로 할 수 있다.

③ 지정한 웹 사이트만을 보여준다.

메뉴 바가 없어 사용자가 프로그램을 마음대로 할 수 없도록 고안되었으며, 손가락으로 터치 가능한 버튼 크기로 되어 있어 공공장소에서 사용이 편리하며 3개의 Navigation 버튼으로 구성되어 있다.

④ 설치 및 유지보수가 간단하다.

인터넷의 통신망을 활용함으로 비교적 설치 및 유지보수가 간단할 뿐 아니라 자료수정과 추가도 적은 비용으로 홈페이지 방식으로 손쉽게 할 수 있다.

(3) e-Conference 대해서

① e-Conference정의

축적된 첨단 IT기술과 3년여에 걸친 국제회의 업무분석을 바탕으로 국제회의/국제학술대회의 사전/현장/사후 업무 등 대부분의 업무를 웹 기반 소프트웨어를 통해 처리할 수 있는 솔루션으로서, 50여개 이상의 국제회의 및 학술대회에 성공적으로 적용되어 성능과 효과를 공인받은 행사/전시 운영지원용 컨벤션 소프트웨어이다.

② e-Conference 기능

㉠ e-Conference의 관리자 기능

e-Conference는 모든 데이터베이스를 통합 관리하여, 데이터의 중복이나 현장관리의 어려움, 실시간 관리의 문제점들을 해결하고, 행사운영 시 반드시 필요한 기능들을 강력한 관리자 기능을 통하여 일목요연하고, 사용하기 쉽도록 구현하였다. e-Conference는 관리자 화면에서는 복잡한 데이터베이스나 소프트웨어에 대한 지식 없이 직관적으로 사용할 수 있다.

㉡ e-Conference의 사전등록과 전자결제

• 사전등록

홈페이지상에서 참가자들이 온라인 사전등록을 할 수 있는 등록 폼을 제공한다. 등록 후 등록자는 자신의 정보를 정해진 기한 내 언제든지 실시간으로 확인/수정할 수 있다. 사무국에서는 사전등록자들의 정보를 웹에서 제공되는 강력한 표준관리자 도구를 이용하여 손쉽게 실시간으로 처리할 수 있다. 사무국의 관리자는 등록자에 대하여 검색/그룹지정/그룹 메일 링 등의 다양한 기능을 활용하여 등록자에 대한 안내 업무를 할 수 있다. (공지, 안내 등의 업무를 온라인상에서 모두 처리 가능) 온라인 데이터베이스 서버에 위치한 등록자 DB를 엑셀/엑세스/워드/파워포인트 형태의 파일로 변환하여 관리자의 PC에 저장할 수 있는 획기적인 기능이 제공된다.

• 전자결제

온라인 사전등록과 동시에 등록비, 호텔예약비, 각종 프로그램 참가

비를 온라인 신용카드 전자결제 시스템으로 모든 비용을 즉석에서 결제할 수 있다. 자신의 결제상황을 바로 확인할 수 있다. 사무국에서는 등록비 및 모든 결제항목에 대한 관리와 등록자의 전자결제 상황을 실시간으로 별도의 통합관리시스템을 이용하여 손쉽게 관리할 수 있다. 항목별 등록자와 등록비 합계, 국가별 등록비 현황 및 통계 등의 다양한 정보를 얻을 수 있으며, 등록자들에게 공지 및 안내를 할 수 있는 커뮤니케이션 도구로서, 강력한 기능의 그룹메일링 시스템을 제공한다.

ⓒ e-Conference 통계 및 리포팅

e-Conference는 등록현황과 회계 상황을 한눈에 파악할 수 있는 현황판을 제공한다. 국가별 등록자 현황, 프로그램별 등록비 납부 상황 등 현장에서 등록업무에 관련된 모든 현황 및 통계를 제공한다.

ⓔ e-Conference 세션 플래너

등록된 논문을 세션별로 재구성할 수 있는 강력한 소프트웨어를 제공한다. 단 한번의 세션 정의와 각 세션에 대한 논문 할당 작업으로, 세션 프로그램을 구성할 수 있으며 저자가 직접 확인/수정/확정한 데이터베이스를 기반으로 하기 때문에 정확성과 신뢰성이 100% 보장되고, 프로그램의 인쇄, 세션 프로그램 안내 시 재작업이 필요 없다.

ⓜ e-Conference 논문, 발표문 관리

홈페이지상에서 저자들은 초록 및 논문을 접수하고 정해진 기간 내에 확인 및 수정을 한다. 저자들이 직접 확인하고 확정한 데이터이기 때문에 정확성과 신뢰도가 100% 보장된다. 접수된 논문에 대해 온라인으로 분야별 편집위원 및 심사위원을 선정하고 논문을 각 심사위원에 할당하는 전용 프로그램을 통해 제공된다. 선정된 심사위원은 자신의 아이디와 암호를 부여받으며, 인터넷상에서 자신에게 할당된 논문을 소정의 심사양식에 의거 심사를 실시한다. 이로 인해 공정성과 투명성이 보장된다. 모든 논문에 대한 심사결과가 점수로 환산되어 논문의 순위와 분야별/저자별/국가별로 논문의 심사결과 및 통계를 다양하게 구성할 수 있다. 논문심사결과가 각 저자에게 e-mail을 통해서 발송된다. 조직위원회 및 사무국에서는 전용관리자 프로그램이 제공되어 논문접수현황 및 심사결과를 실시간으로 관리할 수 있으며, 저자들에게 수시로 공지 메일을 보낼 수 있는 지능형 그룹메일링시스템이 제공된다.

ⓑ e-Conference 다이제스트 북 생성

최근에는 두껍고 무거운 책자 프로시딩과는 별도로, 가볍게 들고 다닐 수 있는 Digest를 발행하는 것이 세계적인 추세이다. 온라인으로 요약문의 및 그림을 저자들이 직접 등록할 수 있도록 하여 종래의 단순한 abstract 요약 집에서 탈피한 digest book을 온라인상에서 구축할 수 있으며, 바로 인쇄하여 책으로 만들 수 있는 획기적인 기능이다.

7) 국제회의 육성방안

① 관광의 측면

첫째, 국제회의 유치활동을 위한 지방자치단체별'CVB(Convention & Visitor Bureau)'설립이 있어야 한다.

국제회의 유치형태를 보면 각 주관기관 나름대로 정보를 수집하여 개최하고 있는 실정이라 여러 가지 문제점이 도출되어 유치활동에 있어서 소극적이고 치밀하지 못하다. 국제회의산업이 발전한 국가를 보면 대체적으로 정부관광기구(NTO)는 물론 각 지방자치단체별로 국제회의산업육성을 위한 CVB가 발전되어 있어 자신의 도시에 국제회의를 유치하기 위한 적극적인 활동을 하고 있다. 따라서 우리도 국제회의 도시를 지정. 육성해야 함은 물론 지방자치별로 국제회의의 전담기구인 CVB와 같은 별도의 기구설치가 절실히 필요하다.

둘째, 국제회의산업의 성장에 대비한 '전문인력 양성'에 총력을 기울여야 한다.

현재 국제회의 기획 및 운영 전문가가 거의 없다보니 국제회의 개최 여건이 마련되어도 제대로 유치하지 못하고 있는 실정이며 또한 행사운영도 매우 미숙하여 그 효과가 발휘되지 못하고 있는 실정이다. 따라서 회의, 컨벤션, 박람회에 대한 전문교육기관의 확충과 시스템을 마련해야 하며, 이를 통한 회의산업의 전문 인력을 양성하는 데 더욱 노력해야 한다.

셋째, 국제회의 유치 및 운영의 효율성을 제고하기 위한 21세기 '국제회의 전담 지식 공동체'를 구성하며, '지식경영마케팅' 기법을 도입해야 한다.

우리의 국제회의 유치는 대부분 영세적이고 재래적인 방법으로 진행되고 있으며, 마케팅활동 또한 전통적인 기법을 탈피하지 못하고 있는 실정이다. 그러므로 국제회의의 규모와 운영 프로그램의 질이 다소 떨어져 선진국제회의 산업국가와의 경쟁에서 밀리며 그 효과도 반감되는 경우가 많다. 따라서 범국가적인 측면에서 국제회의업을 전략산업으로 육성 지원할 수 있는 '국제회의 전담 지식공동체'를 구성하고, 기업 또는 자치단체에서는 지식경영시스템을 통한 마케팅활동을 전개해 나가야 한다. 이상의 방안이 실현될 때 우리의 국제회의산업은 더욱 발전될 것이며 향후 21세기의 가장 각광받는 고부가가치산업이 될 것으로 사려 된다.

넷째, 문화시설 확충을 해야 한다.

회의 참석자들은 회의의 부담감을 해소하려는 욕구를 가진다. 이러한 욕구를 충족시켜줄 수 있는 문화행사나 문화시설의 대중화가 필요하다. 유럽의 경우 공연문화가 대중화되어 있고, 문화재, 미술조각 등이 거리 곳곳에서 볼거리를 제공하고 있어 회의 참가자들의 문화욕구를 충족시켜 준다. 이러한 문화적 매력은 다시 회의 유치에도 유리하게 작용하게 된다. 따라서 문화욕구를 충족시켜 줄 수 있는 도시가 국제회의도시로 성장할 수 있다.

다섯째로 문화적 정체(正體)를 형성해야 한다.

일반적으로 문화적 동질성과 그에 다른 공유(共有) 욕구는 국제적 교류 활성화에 긍정적으로 작용한다고 볼 수 있다. 그리고 문화적 이질성은 호기심을 유발하기 때문에 교류 욕구를 증대시킨다. 요컨대 문화가 동질적 공유 욕구를 형성하고 있든 이질적이어서 문화적 호기심을 유발하든 간에 국제적 교류에 영향을 미치며, 이는 국제회의산업의 확대와 발전에 기여한다고 볼 수 있다.

② 정보시스템적 측면

첫째, 국제회의 시설의 '인프라'를 확충 및 개선하여야 한다.

현재 우리나라 국제회의 실태를 보면 회의 전문 시설이 부족하여 운영의 불편함이 많이 제기되고 있다. 또한 국가적인 지원이 열악하여 회의 개회에 대한 어려움이 많다. 따라서 국가 또는 지방자치별로 법적 및 재정적인 지원을 병행 시행하여 국제회의 전문수용시설을 더욱 확충함은 물론 기전시설의 선진화를 이루어 나가야 한다. 그리고 국제회의를 유치하는 데 있어서 민관이 필요한 부문을 서로 유기적으로 협력할 수 있는 체계를 구축해야 한다.

둘째, 국제회의 진행을 위한 최첨단 '멀티 콘텐츠(Multi-contents: Video Animatronics)장비'를 활용하여야 한다.

최근 우리의 국제회의 관련 장비를 보면 국제적인 규격과 조건에 맞지 않으며, 제대로 구비되어 있지도 않다. 또한 구비되어 있어도 가동되지 않는 경우도 많다. 21세기의 첨단시대에 대비한 멀티 콘텐츠 장비를 확보, 활용함으로써 국제회의 참관객들에게 더욱 생동감 있고 현장감 있는 부가가치를 창출해야 한다.

셋째, 장애인 참가자를 위한 '도우미 장비'를 구비해야 한다.

현재 장애인들 참가 시를 전혀 고려하지 않고 있는 실정이다. 또한 장애자들도 참여할 수 있는 여건을 조성하기 위해 '장애인 도우미 장비'를 갖춤은 물론 이를 운영할 수 있는 시스템을 가동해야 한다. COEX(서울컨벤션센터), BEXCO(부산전시컨벤션센터), EXCO(대구전시컨벤션센터) 등은 장애인을 위한 시설만 구축되어 있으며, 도우미 장비, 시스템은 구축되지 않고 있다. 장애인의 더 많은 참관을 위해서 장애인을 위한 도우미 장비가 시급히 구축되어야 한다.

11. 회의

1) 회의 차 대접

Q1. 회의 시 잔 준비

A1: 회장님께만 일반 잔에 드리고 나머지 분들께는 종이컵에 드려도 괜찮을 것 같습니다. 종이컵 좀 점잖은 거 쓰시면 괜찮아요. 그리고 포트에 따뜻한 차 담아서 한두 개, 그리고 음료수 두 개 정도 '미리' 세팅해 놓으시면 회장님 외에 다른 임원 분들은 대개 회의실에 미리 들어가 계시니까, 당신들이 드실 음료를 미리 따라서 드실 수 있을 겁니다. 회의실이 넓어서 움직이기 편하시다면 직접 드리는 것도 매너 있어 보이겠지만 여의치 않으면 세팅만 해놓으세요.

A2: 회의 때는 종이컵 사용하셔도 괜찮을 듯하고 저는 회의 때는 무조건 종이컵입니다.

A3: 인원이 많을 땐 전 종이컵으로 다 내어 드린답니다.

A4: 저는 생수와 음료수와 옆에 음료수를 따라 드실 컵을 준비합니다.

A5: 저 같은 경우는, 생수와 캔 음료수를 한 분 앞에 한 개씩 같이 배치하고 종이컵을 2~3개씩 같이 비치합니다.

A6: 경험담 – 일단 회장님(사장님)은 일반 잔에 드리셔야 합니다.

그리고 나머지 분들은 종이 잔으로 준비하세요. 그리고 드릴 때 웃으며 한마디 하는 것도 좋습니다. "인원이 많으셔서 종이 잔으로 준비했는데 괜찮으신지요. 죄송합니다." 한마디요. 그럼 그거 갖고 뭐라고 할 사람 하나 없습니다.

Q2. 회의 시 차 대접 2 - 차 내는 순서

A1: 회의 때 직급 순으로 앉으면 얼마나 좋을까요. 섞어서 앉아 계신 경우 어느 분은 드리고 어느 분은 건너뛰고 별로 좋아 보이지 않죠. 저는 우선 테이블을 가장 높은 분 중심으로 나눈 다음 차를 돌립니다.

A2: 제일 높으신 분 드리고 그분의 오른쪽부터 순서대로 드립니다.

Q3. 회의 시 차 대접 3 - 직원이 늦게 참석한 경우

A1: 전 들어가시기 전 여쭤 본답니다. 늦게 들어가시니까 눈에 너무 뜨일까 봐 차 들여오지 말라 그러시는 분도 있고요. 벌써 드셨을 경우, 차 들여오는 것으로 회의 방해될까 봐, 등등의 이유로 생략하시는 분들 계시죠.

A2: 전 회의 시작하구 한 10분 이내에 오신 분들은 챙겨 드리는데 그 이상 늦은 분들은 그냥 놔둡니다.

Q4. 회의 시 차 대접 4 - 회의가 길어질 때

A1: 처음엔 따뜻한 거 드리고, 중간에는 냉녹차를 드립니다. 말씀

을 하시다 보면 시원한 걸 원하시는 편이지요. 전 회의 시작하고 30
분 후에 들어갑니다.

A2: 회의 시작 전에 녹차나 생수병과 종이컵을 테이블에 미리 올
려 두고 회의 시작되면 바로 따뜻한 차 내는 것으로 끝내요.

A3: 한 시간 정도 있다가 들어가는데 말씀 중에 왔다 갔다 하는
것도 신경 쓰이실 거 같고 그래서 분위기 봐서 찬 거나 따뜻한 것으
로 드립니다.

A4: 회의 시간에는 별 상관이 없어요. 말씀 하시다가 차가 더 필요
하시면 한 분이 나오셔서 차 더 달라고 하시거든요. 그럼 그때 준비
해서 드리죠.

A5: 처음에 따뜻한 차 내어 드리고요, 말씀이 길어지시면 회의하시
면서 말씀 많이 하심 목말라하시잖아요. 두 번째로는 시원한 음료 가
지고 들어가 음료 내 드리면서 찻잔 뺏어 옵니다.

Q5. 회의 시 차 대접 5 - 전화 올 때

차를 먼저 냅니다. 저도 비서실에 혼자 있어서 그런 경우가 참 난
감하지요. 그래서 차를 내거나 보스께 보고 드릴 게 있어서 집무실에
들어갈 적에는 전화벨소리를 제일 작게 줄여놓습니다.

Q6. 회의 시 다과 접대

A1: 멜론 있으면 한 줄 놓아 드리고 색 안 변하는 귤이랑 멜론이 어떨지. 참, 접시 따로 해 두면 먹기 편하서서 더 좋아하세요.

A2: 멜론도 좋긴 하지만, 잘 잘라야 떫은맛이 없는 거 같아요. 그래서 보통 배나 감 같은 것으로 드려요. 방울토마토도 괜찮을 거 같네요.

A3: 멜론이나 파인애플, 키위 같은 걸 좋아하시더군요. 손질하기가 힘들어서 전 백화점 가서 샐러드 바에서 파는 거 사다가 접시에 담아 드려요. 조금 비싸긴 한데 편하고, 회장님께서도 무척 맘에 들어 하시구요.

2) 회의 상황

Q1. 갑작스런 회의 준비

A1: 담당부서 담당자에게 얘기하세요. 대신 이렇게요. 임원께서 회의스케줄을 비서실에서 정확히 알고 있으라고 했으니 반드시 미리 알려주셔야 회의준비가 차질 없이 이루어질 거라고 말이죠.

Q2. 회의 시 전화 올 때

전 항상 메모 간단하게 써서 전해 드립니다.

Q3. 회의 시 메모전달

A1: 전 그냥 아무 말 안 드리고 목례만 하고, 메모지 전해 드려요.

A2: 임원회의나 보스께서 접견 중이실 때 메모전달은 조용히 문을 열고 들어가 전달해 드리는 것이 좋습니다. 비서의 메모전달 때문에 회의나 보고가 중단되어서는 안 되기 때문이죠.

A3: 노크를 하는 게 그럴 땐 오히려 실례예요. 저도 그냥 조용히 문 열고 들어가 목례한 다음 작은 결재판에 메모 올려서 전달해 드린답니다.

A4: 그럴 땐 노크를 하지 않고 조용히 들어가서 메모를 전해 드려야 합니다.

A5: 손님 안 계시면 문소리 나지 않게 살짝 들어가셔서 그분께 조용히 전해 드리고 나오시는 게 맞아요. 노크하시면 흐름이 깨지거든요.

*여기서 잠깐
회의 출석 중인 사람에게 외부전화가 왔을 때 메모 전달

Q4. 회의 시 손님 방문

A1: 우선 손님께 회의 중인데 아직 안 끝나셨다고 죄송하다고 말씀드리고 모시는 분께는 포스트잇 크기 정도 되는 종이에다가 메모를 넣어요.

사장님

&&에 약속하셨던 @@께서 오셨습니다.

1. 곧 나가겠음　　□
2. 회의가 조금 길어지겠음　　□

Q5. 회의 종료 시간을 물을 때

A1: "보통 *시 **분쯤에 끝나기도 하지만, 회의 종료 시간이 정해진 것이 아니라 정확한 시간을 말씀드리기가 곤란합니다. 필요하시면 회의 끝나시는 대로 바로 전화 연락드리겠습니다."

3) 회의 종류

Q1. 화상회의 할 수 있는 업체

A1: 서울에서는 현재 하얏트 호텔 비즈니스 센터와 신라호텔 비즈니스 센터에서 가능합니다. 인천공항의 파라다이스 비즈니스 센터에서도 가능하고 서울시내 몇 비즈니스 센터에서도 가능합니다.

Q2. 영어회의

A1: 서로 인사하고 잡담하고 농담 주고받고 저희 회산 무척 편하게 진행

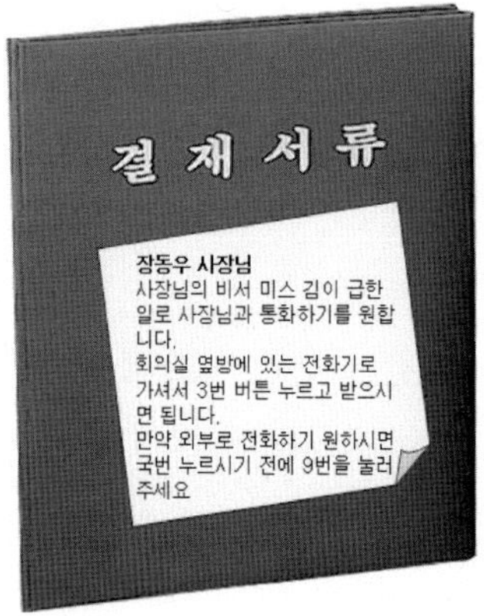

하얏트는 797-1234

신라는 2233-3131

(둘 다 대표 번호)

화상, 전화 회의 업체

http://www.kpcom.co.kr/

http://www.confernet.co.kr/

* 여기서 잠깐!

ex) 영어회의

Please have a seat. 자리에 앉아 주십시오. Please welcome, Mr. John Smith. 존 스미스 씨를 소개합니다. We are happy to have you with us. 모시게 되어 기쁘게 생각합니다. Let's give him a big hand. 이분께 큰 박수를 부탁드립니다. Whose turn is it? 이번에 누구 차례지요? Please give us your opinion. 의견을 말씀해 주세요. May I have your attention for a while, please? 잠시 제게 주목해 주십시오. Let me take an example. 제가 예를 하나 들어 보겠습니다.	Let's take a coffee break. 잠깐 동안 쉬도록 합시다. I agree with you. 나도 당신과 같은 의견입니다. I'm in favor of the plan. 나는 그 계획에 찬성합니다. Let's call it a day. 오늘은 이만 끝냅시다. Let the meeting be called to order. 개회를 선언합니다. Pass them out, please. 그걸(서류 따위) 돌려 나눠 갖도록 하세요. Let's get to the point. 본론으로 들어갑시다. Take a note. 메모하세요.

* 여기서 잠깐!

회의 용어

- 정회(停會) : 회의를 정지함. - 재청(再請) : 다른 사람의 동의에 찬성하는 뜻으로 거듭 청함. - 이의(異意) : 다른 주장. - 복안(腹案) : 마음속으로 생각하고 있는 의견. - 산회(散會) : 그날 일정을 모두 처리, 회의를 끝냄. - 유회(流會) : 원칙적으로 개최되지 못한 것. - 성원(成員) : 회의의 성립. - 의제(議提) : 案件 (안건). - 승인(承認) : 가결된 것. - 부의(附議) : 안건을 본 회에 내놓는 것 - 의안(議案) : 회의에서 심의하기 위하여 제출되는 안건 - 발의(發意) : 회의에서 의견이나 의안을 내는 일	- 채결(採決) : 의장이 회의 참석자에게 거수, 기립, 투표(기명, 무기명) 등의 방법으로 의안에 대한 찬, 반을 결정하는 것 - 의결(議決) : 의안을 채결에 따라서 가결인지 부결인지를 결정하는 일 - 표결(表決) : 채결에 참가하여 의안에 대해 찬성인지 반성인지 의사 표시를 하는 일 - 표결(票決) : 표결하는 과정에서 투표로써 채결을 하는 일 - 채택(採擇) : 몇 개의 제안 가운데서 합의에 의하여 뽑는 것 - 정족수(定足數) : 회의를 개최하기 위하여 필요한 구성원의 최소한 출석인원수 - 동의(同義) : 의결을 얻기 위해 의견을 내는 일 또는 예정된 안건 이외의 내용을 전체 회의에서 심의하도록 안을 내는 것 - 개의(改議) : 동의와 관련하여 수정된 의안을 발의하는 것

♣ 요점 정리

◆ 회의 차 대접

① 회의 시 잔 준비

- 회장님께는 일반 잔에 드리고 나머지 분들께는 종이컵을 드리거나 인원이 많을 때는 종이컵을 두고 음료수를 배치해 둔다.

② 회의 시 차 내는 순서

- 테이블을 가장 높으신 분 중심으로 나눈 다음 그분의 오른쪽부터

차를 순서대로 드린다.

③ 직원이 늦게 도착한 경우
-회의에 들어가시기 전에 여쭤 봐서 차를 드릴지를 파악한다.

④ 회의가 길어질 때
-처음엔 따뜻한 거 드리고 중간에는 냉녹차나 음료수를 드린다. 보통 회의 전에 회의실에 생수병과, 음료수, 종이컵을 배치해 놓은 경우는 제외한다.

⑤ 회의 시 전화 올 때
-전화벨소리를 제일 작게 해 놓고 차를 내 가면 센스 있는 비서! 그러나 차를 내는 경우 전화벨이 울리면 차를 먼저 내는 것이 우선이다.

⑥ 회의 시 다과 대접
-색이 안 변하는 과일을 주로 하고 방울토마토, 반으로 자른 귤, 감, 파인애플도 괜찮다.

어떤 조직에서든지 비서의 상사는 경영자 , 관리자층이면서 외부에 대해서는 조직을 대표하는 지위에 있는 사람이므로 필연적으로 이러한 회의에 출석할 기회가 많다. 또한 자신의 상사가 직접 주최하여 회의를 개최하는 수도 있다. 지금부터 우리는 회의 전.후의 비서의 할 일에 대해 알아보도록 하자.

회의 개최가 결정되면 비서는 내용, 의제, 형식 등을 잘 이해하고 구체적인 준비에 착수하여야 한다. 상사가 회의를 원활히 진행시켜서 유종의 미를 거둘 수 있게 하기 위해서는 사전준비에 만전을 기하도록 하여야 할 것이다.

비서는 사전에 회의의 진행 상황을 구체적으로 예상하여 준비를 점검해 나가는 것이 필요하다. 당연한 일이지만 예상 밖의 돌발사태도 계산해 넣어야 한다.

4) 회의의 계획

회의를 열기로 결정하여 상사가 비서에게 지시가 내려오면 비서는 다음 항목에 의거해서 자세한 계획을 세워야 한다. 단 상사와 반드시 협의하여 입안된다.

① 일시: 종료시간까지 포함

회의 날짜와 시간은 언제로 정하는 것이 가장 적당한가, 경우에 따라서 이 날짜와 시간은 변경할 수 있는가를 확인한다. 일시는 가급적 평일로 잡고 월말이나 토요일은 피해야 한다.

② 장 소

장소를 회사 내에서 하나, 회사 밖에서 하나. 회의장을 어디로 정할 것인가 하는 문제는 회의가 어떤 종류인가에 달려 있다. 즉 회의참가 인원수, 참가자, 회의의 성질, 회의장의 기밀성, 시간 등을 고려해서 적합한 장소를 택하는 것이 좋다.

③ 참석자

회의에 참석할 사람을 누구누구로 할 것인가, 사회자 혹은 의장은 누가 되는 것인가, 또 참석자에게 어떻게 연락을 취하며 답을 받는가,

참석자가 바쁠 경우 대리참석도 무방한가 등은 아주 중요한 문제이다.

④ 용 건

의제는 무엇인가, 어떤 사건을 토대로 토의할 것인가에 따라 회의 참석자와 형식이 달라지게 된다.

⑤ 이 유

이 회의는 왜 열리는가, 문제해결을 위하여 결론을 얻기 위한 것인가, 정보를 교환하기 위해서인가. 목적을 확실히 파악하는 것은 자료 준비를 위해서도 필요하다.

⑥ 방 법

이 회의는 어떠한 방법으로 진행시킬 것인가, 또는 어떠한 형식으로 하느냐 하는 것은 회의의 목적과 참가 인원수와도 깊은 관계가 있다.

5) 참석예정자에 대한 통지

회의 소집 통지서에는 다음과 같은 필요사항을 빠뜨리지 않도록 주의하고 간단 명확한 표현으로 한다.

가. 회의 명칭과 목적

나. 회의 의제

다. 개최일시

라. 개최장소

마. 참석여부와 회신 마감일

바. 통지하는 사람

6) 자료와 비품 용품 준비

자료로는 과거의 회의록 - 정례적인 것 혹은 몇 번에 걸쳐 계속 토의 중인 것, 또는 이번 의제의 관계자료 - 보고서, 조사서, 통계도표, 관계법규, 기타 정보 등을 준비하여야 하고 비품과 용품으로는 사무용품, 명찰 혹은 명패, 흑판 , 분필, 지우개, 녹음기 등등 여러 가지 것들을 준비하여야 한다.

7) 회의 후의 처리 업무

(1) 일반적인 업무

회의가 끝난 다음에는 비서가 할 일이 많으나 일반적으로 다음과 같이 처리한다.

가. 참석자가 돌아갈 때는 승용차를 준비한다. 미리 회의 종료시간을 운전자에게 알려주어 순조롭게 배차하도록 한다.

나. 보관한 물품이나 전언이 있으면 잊지 말고 전달하여 전송한다.

다. 회의실의 정리와 함께 참석자가 빠뜨리고 간 물건이 없는지 확인한다.

라. 경우에 따라서는 회의의 참석 인사들에게 인사장을 보내는 경우도 있다.

(2) 회의록 작성

회의록은 언제 어디에서 누가 모여서 어떤 안건을 어떻게 결정하였는지 기록하는 것으로서 나중에 그 회의에 대하여 증명하는 중요한 서류가 된다.

이 기록은 주최자 측에서 따로 기록원을 두는 경우 , 참가자 가운데서 서기로 선출하는 경우, 비서에게 의뢰하는 경우도 있다.

비서가 기록을 하게 되는 경우에 무엇보다 가장 유의할 점은 의제에 관계된 사항을 알기 쉽고 간결하게 기록하되 무엇보다 정확해야 한다.

회의록에 기재할 사항은 다음과 같다.

가. 회의의 정식 명칭

나. 회의록 작성자

다. 회의의 의제

라. 개최일시

마. 회의장소

바. 사회자 및 특별참석자

사. 참석인원과 성명

아. 발언자 성명 및 발언 내용

자. 결론

대개는 이러한 항목들이 들어 있는 회의록 양식을 작성하여 사용하고 있다.

비서는 어느 회의에 있어서도 꼭 필요한 존재이다. 만약 비서와 같은 역할을 수행하는 직업이 없다면 회의에 진행이 순조롭지 않게 진행될 것이다. 비서는 그만큼 어딜 가든 중요한 임무를 수행하는 직업이라고 할 수 있다.

Q1: 비행기 티켓 용어

A1: 상사님께 보고드릴 때 제일 중요하거든요. 비행기편명 (KE037),

출, 도착지 (대부분 3글자 영어로 되어 있죠 SEL/TYO → SEOUL/ TOKYO, 그러나 ICN/NRT라고 되어 있는데 이건 INCHEON/NARITA 공항으로서 NARITA는 동경에 있는 공항이지요. 출, 도착지는 보통 도시보다는 공항이름으로 되어 있는 경우가 많으니까 나중에 잊어 버리지 않으시려거든 상사님 출장 가실 때마다 적어 놓으세요. 아니면 항공사에 물어 봐도 돼요. 물어 봐도 괜찮답니다.(여러 도시를 방문하시는데 도시 코드를 모르는 것보다는 물어 봐서 확인하는 게 낫겠죠?) 그리고 출, 도착시간 (요건 언제나 출발지 기준으로 씌어져 있습니다.) 그리고 등급 CLASS라구 하지요. 대부분의 항공사는 3가지로 구분하는데요. FIRST CLASS, BUSINESS CLASS, ECONOMY CLASS지요. 그리고 이 3가지는 요금을 다 냈는지, BONUS를 사용하는지, 여행 일정이 얼마나 되는지에 따라 10개 이상으로 구별됩니다. 물론 항공사, 여행사 직원들만 구별을 할 수 있지요. 그러니까 일일이 물어 보세요. 예약할 때 해외 같은 경우는 여권에 있는 이름과 철자가 다르면 나중에 고치기가 무지 어렵구요. 제일 좋은 것은 항공사 회원번호를 가지고 있다가 예약할 때마다 그 번호를 불러주면 자동으로 모든 데이터가 입력되면서 예약이 되니까 편리하지요. 항공사 회원번호를 모르신다구요? 그럼 지금 항공사에 전화 하셔서 상사님의 주민등록번호 등을 불러 주면 즉시 알려 주실 거예요.

Q2: 여권 발급

A: @ 일반여권 발급 신청 시 구비서류
1. 여권 발급 신청서(여권과에 가면 있어요.)
2. 최근 6개월 이내에 촬영한 여권용 사진 2매 (3.5 x 4.5)

3. 주민등록증(운전면허증, 공무원증 가능)

4. 여권 수수료

@ 유효기간 연장-여권 유효기간이 만기 후 6개월 미만까지는 연
  장 가능

*유효기간 5년-1회 5년 연장 가능

*유효기간 3년-2회 3년 연장 가능

구비서류

1. 여권 발급 신청서

2. 여권

3. 여권용 사진 2매

4. 주민등록증/주민등록등본 1통

@ 외무부여권과 720-3582

Q3: 미국 비자 신청 서류

A1: 1. 3개월 내 찍은 명함, 여권판 사진 1장씩.

    2. 여권.

    3. 주민등록등본, 한글호적등본.

    4. 경력증명서, 재직증명서

    5. 갑근세, 소득금액증명원

    6. 직장의료보험증 사본

    7. 최근 6개월 치 급여통장 사본

    8. 비자 인터뷰 시 급여통장 원본 지참

    9. 경력증명서 및 이전 회사 퇴직 전까지의 소득관계를 증명하
      는 서류.

10. 인터뷰 예약 시 - 여권사본, 주소/연락처, 비자 또는 마스터
카드(번호, 유효기간, 영문이름)
11. 이메일 주소

12. 출장

1) 출장 전 업무 (계획과 준비 단계)

(1) 출장 준비 사항

① 조직 규정 검토

출장은 반드시 조직의 승인을 받아야 한다. 따라서 상사의 출장계획이 수립되면 조직의 출장 규정과 승인 절차를 확인하여 승인을 받도록 한다. 이때 경우에 따라 출장일정표 및 예산서가 첨부되기도 하는데 예산서를 첨부해야 할 경우에는 여비 관련 조직 규정을 확인하도록 한다. 출장업무를 하는 비서는 소속된 조직의 규정을 검토한 후 규정에 맞게 상사의 출장업무를 수행한다. 기업들은 출장 관련 여비 규정을 두어 직급별로 출장 일당비를 규정해 놓고 있다. 즉 직급에 따라 숙박비, 교통비, 일일 체제비 등이 다르므로 상사의 직급에 맞는 출장계획을 세우도록 한다. 출장이 많은 기업들은 출장 예산이 큰 기업들이므로 이런 기업들은 여행사, 호텔, 항공사 등과 계약을 체결하여 할인, 등급 상향 조정, 포인트 혜택 등 다양한 혜택을 받는다. 따

라서 출장업무를 수행하는 비서는 먼저 자신이 소속된 기업과 계약이 체결되어 있는 항공사와 호텔 등에 대한 정보를 얻도록 한다. 한 예로 국내에 있는 외국 체인호텔과 기업이 계약이 되어 있으면 전 세계에 있는 동일 체인호텔 어디에서나 요금 적용에 있어 저렴한 기업요금을 적용받을 수 있고 예약, 확인, 변경 등을 국내에 있는 체인호텔 국제부에서 할 수 있어 매우 편리하다. 대부분의 체인호텔들은 국제 예약부서를 운영하여 현지국에 국한하지 않고 전 세계를 대상으로 예약업무를 실시한다. 또한 전임자를 통하여 출장과 관련하여 상사의 개인적인 취향을 반드시 확인하도록 하며 전임자로부터 정보를 얻지 못하였을 경우는 반드시 상사에게 여쭈어 보도록 한다. 물론 전임자로부터 정보를 얻었다 할지라도 결정은 상사가 하는 것이므로 상사가 최선의 결정을 할 수 있도록 비서는 다양한 정보를 제공해야 함을 잊지 않도록 한다.

위와 같은 기업의 규정과 상사의 기호를 파악한 후 출장계획을 수립하도록 한다. 출장계획 수립 시 출장 분비 파일을 마련해 꼭 필요한 사항들을 적은 후 하나하나 체크해 나가며 필요한 자료 등을 모아두면 효율적으로 상사의 출장업무를 보좌할 수 있을 뿐 아니라 다음 출장 시에도 유용하게 사용할 수 있다.

② 효율적인 출장계획 수립

㉠ 출장의 목적을 파악한다. 즉 회의 참석인지, 회의에서 상사가 발표를 해야 하는지, 산업체 방문인지, 해외 지점 순회인지 등 출장의 목적을 먼저 파악하도록 한다.

㉡ 출장지를 확인한다. 출장지가 어디이며 한 곳인지 아니면 여러 곳인지, 목적지가 여러 곳일 경우는 어떻게 이동을 해야 하는지 등을

파악한다.

ⓒ 목적지에 언제 도착해야 하는지 알아둔다. 목적지 도착시간은 현지 시각 기준이다.

ⓔ 목적지에 제 시간에 도착하기 위해서 출발은 언제 해야 하는지 알아둔다.

ⓜ 출장기간을 파악한다. 장기간의 출장인지 단기간의 출장인지 확인하고 출장기간에 따라 준비할 것에 차이가 있는지 확인한다.

ⓗ 출장기간 중 출장지의 국경일, 공휴일이 겹치는지 알아본다. 가능하면 출장지의 공휴일이나 축제 기간은 피하도록 한다. 인터넷을 통해 확인할 수 있고, 국내에 있는 영사관이나 대사관에 전화하면 정확한 정보를 얻을 수 있다. 또한 출장지가 정치적으로 안정적인지 아니면 소요사태가 있는지 여부도 반드시 확인하도록 하고 소요사태가 있는 경우는 충분히 알아보고 대처할 수 있는 방안도 마련하도록 한다.

ⓢ 가능한 교통편이 무엇인지 알아둔다.

ⓞ 출장지에서 숙박은 어디에서 할 것인지 결정한다. 어디에서 숙박을 하는 것이 상사의 취향에 맞고 편안한지 알아본다.

ⓩ 출장지에서 방문해야 할 기관이나 사람이 있는지 알아보고 그에 따른 교통편, 소요시간, 예약여부를 확인한다. 더불어 출장지에서 만나는 사람의 이름, 장소, 일시, 목적을 알아야 하며 사전에 약속이 되었는지 확인하도록 한다. 또한 방문일이 출장지의 휴일과 겹치지 않도록 미리 현지의 공휴일을 확인한 후 일정을 잡도록 한다.

ⓣ 선물을 가져가야 하는지 상사와 상의한다. 선물이 필요하다면 어떠한 선물이 좋을지 알아보아 상사에게 보고하도록 한다. 특히 해외출장의 경우 각국의 문화적 차이로 금기시되는 물품이 있는지 알아본 후 준비하도록 한다.

㉠ 가지고 가야 할 자료가 있는지 상사와 확인한다. 자료를 만들어야 할 경우는 언제까지 완성해야 하는지, 어떤 형태의 자료를 필요로 하는지 등에 관해 상사로부터 지시를 받은 뒤 준비하도록 한다.

㉡ 출장 관련하여 예상되는 여비는 어느 정도인지 파악한다. 신용카드를 사용할 것인지, 현금을 소지할 것인지, 아니면 여행자수표를 가지고 갈 것인지 등에 관해 상사에게 여쭈어 본다. 현금이나 여행자수표를 원할 경우는 회사에서 선불하여 환전을 미리 하도록 한다.

㉢ 인터넷 등을 통해 출장기간 중의 출장지의 기후나 기상 등을 확인하고 상사가 그에 맞는 복장을 준비할 수 있도록 한다.

2) 예 약

(1) 각종 예약 (교통편, 숙박업소 등)

최근에는 인터넷을 이용한 예약, 검색, 조회 등이 점점 일반화되어지는 추세이다.

① 교통편 예약

항공편 예약의 경우 회사의 주거래 여행사에 의뢰하는 것이 편리하다.

왜냐하면 여행사를 통한 예약은 여러 가지 변동사항에 유연하게 능동적으로 대처할 수 있어 비서의 업무부담을 줄일 수 있는 것은 물론이고 좋은 서비스를 기대할 수 있기 때문이다.

또한 상사가 선호하는 교통편을 예약할 수 있도록 한다.

- 비행기 예약과 비행예약 관련문서의 이해

서울 ⟺ 싱가포르 간의 비행일정

번호	편명	출발도시	도착도시	출발일자	출발시간	도착시간	중간기착	기종
1	KE081	Inchon	John F. Kennnedy	12/04	10:00	09:25	0	Boeing747
2	KE035	Inchon	Atlanta	12/04	18:20	20:30	1	Boeing747
3	DL1072	Atlanta	John F. K ennnedy	12/05	08:00	10:08	0	M80
4	KE086	Lewark	Inchon	12/09(+2)	21:50	06:45	0	Boeing747

- 기타 비행기 예약 관련 상식

예약 시에는 일정을 반드시 재확인 후 예약 받는 사람의 이름, 전화번호, 예약번호를 받아둔다.

대부분의 상사들은 논스톱 다이렉트(non-stop, direct) 비행일정을 선호한다.

대도시에는 공항이 두 개 이상이 있는 경우가 많다.

상사가 가져갈 수 있는 수하물의 중량을 확인하도록 한다.

기상 악천후로 인해 예상했던 교통수단을 이용할 수 없을 경우 대체 교통수단을 준비하는 지혜도 필요하다

- 고려사항

- 회사의 규정에 따른 교통수단과 그 등급을 결정.

- 무리한 일정이 되지 않도록 해야 하며 비행기 연결 편과 현지 도착시간 등을 고려해야 한다.

- TIME SCHEDULE을 참고로 출장지, 출발일시에 맞는 희망 항공편을 정하고 예약한다. 희망 항공편이 없을 경우에는, 우선 다른 항공편을 예약한 후에 대기자 명단에 올려놓고 공석이 생겼을 경우 탑승할 수 있도록 조치한다.

- 예약 시에는 출발일시. flight number, 현지도착시간. 공항명, 예약번호 등을 알아두어야 한다.
- 일정이 변경되거나 취소되었을 경우에 대비하여 교통편의 취소나 환불조건을 사전에 알아둔다.
- 출발 전 예약 전반에 관한 재확인 필요.

② 숙박시설 예약

−숙박업소 예약의 기본 원칙

출장일정이 결정되면 숙박업소를 선정해서 예약을 하도록 한다.

세계 어디를 가든 체인 호텔을 이용하면 유사한 서비스를 받을 수 있지만 지역별로 다소 차이가 있으므로 잘 알아보고 선택한다.

최근에는 인터넷의 급격한 발달로 인터넷을 통해 다양한 정보를 활용할 수 있다.

숙박 장소가 결정되면 상사의 취향에 맞는 방을 부탁한다.

해외출장인 경우 반드시 상사의 항공일정을 숙박업소에 알려주어 입실, 퇴실 시간을 알 수 있도록 한다.

마지막으로 예약이 잘 되어 있다 하더라도 출장 날짜가 가까워 오면 다시 한 번 확인한다.

㉠ 예약이 필요 없는 경우

여행사에서 주관하는 팩키지 여행. ex) 반도체 박람회 등 방문하는 상대 회사 측 또는 거래처 인사가 사전에 예약을 해 놓은 경우

㉡ 예약이 필요한 경우 고려사항

- 상사의 취향과 현지상황(환경과 교통) 등을 고려하여 예약한다.
- 호텔 선택이나 Room Type 등의 구체적 사항은 상사의 지시를

받아 결정.

- 회사 주거래 여행사나 기타 관광안내소, 출장지에 가까운 회사 지점, 방문하는 상대 회사 등에 문의하면 관련 정보를 얻을 수 있다.
- 숙소가 결정되면 여행사를 통한 대리 예약이나 비서가 직접 전화, 팩스, E-mail을 통하여 예약한다(좋은 위치의 방을 부탁).
- 예약할 때에는 체류기간, 회사명, 예약자명, 인원수, 객실종류를 알려주고 예약번호,Room Type, Rate(가격)을 최종 확인한다.
- 출장일이 가까워지면 예약을 재확인한다. 숙소의 연락처(전화, 팩스, 이메일)를 확보하여 긴급 시 상사와 연락을 취할 수 있도록 한다.
- 팩스와 E-mail을 이용

③ 렌터카 예약

- 국제운전면허증

3) 출장일정표 작성

교통편, 숙박시설 등이 결정되면 상사의 출장일정표를 만들도록 한다. 출장일정표는 출장기간 중의 일정을 한눈에 볼 수 있게 한 장의 표에 모아 작성한 것으로 비서가 일정표의 초안을 작성하여 상사의 확인을 받은 후 최종 일정표를 작성한다. 컴퓨터로 출장일정표 서식을 만들어 놓고 활용하면 쉽게 작성할 수 있다.

(1) 출장일정표 기재사항

① 기본 내용

- 출발일자, 시간, 출발지 / 도착일자, 시간, 도착지
- 교통편
- 숙박업소 예약 정보, 주소, 전화번호(출장지가 여러 곳일 경우에는 각 지역별로 숙박업소 정보 제공)
- 교통편에서 제공되는 식사(아침, 점심, 간식, 저녁)
- 회의 및 미팅에 대한 내용
- 귀국일정

② 기타 정보

- 재외공관(대사관/영사관) 주소
- 현재 항공사 연락처(비행일정 확인)
- 여권 및 신용카드 번호 및 만기일
- 여행자수표 번호
- 호텔 및 렌터카 연락처 및 예약번호
- 현지 기상 정보
- 세계 시차 표
- 출장지 지도

완성된 출장일정표는 상사 1부, 비서 1부, 상사 자택 1부, 운전기사에게 1부씩 보내고 상사와 상의하여 필요한 곳에 보낸다.

(2) 출장일정표 작성 시 유의사항

① 우선 출발지가 자택인지 사무실인지 기록하도록 한다. 출발지에

서 공항까지의 시간과 탑승수속에 걸리는 시간을 고려하여 출발시간을 정하도록 한다. 성수기에는 탑승수속을 밟는데 걸리는 시간이 비수기에 비해 길다.

② 교통편에 대한 내용을 상세히 기록하도록 한다. 즉 출발공항, 도착공항, 날짜, 시간, 항공사, 편명, 좌석명, 예약번호 등.

③ 숙박시설에 대한 상세한 정보를 일정표에 넣도록 한다. 즉 호텔명, 주소, 전화번호, 예약번호를 적도록 하고 공항과 호텔 간 이용할 셔틀버스 배차 시간이나 자동차 마중 예약 여부를 알 수 있도록 한다.

④ 면담이 있으면 면담자의 이름, 소속, 연락처, 면담 시간과 장소 등을 상세히 기록한다.

⑤ 방문할 곳은 하루에 두 군데 이상으로 잡지 않도록 한다.

⑥ 도착일과 귀국일에는 가능하면 다른 일정을 넣지 않도록 배려한다.

4) 출장경비 품의서 작성

(1) 예산산정 및 비용충당 방안 마련

출장일정과 교통비, 숙박비 등이 결정되면 전체적인 여행경비를 산정할 수 있다.

① 예산을 세우고 비용충당 방안을 마련한다.

② 환전의 시기, 방법, 장소, 요령 등을 고려하여 저렴하게 출장비용을 산출한다. 외화환전(외환) 시 우선 현금, 여행자수표, 카드사용 등을 생각할 수 있다.

③ 여행자수표는 분실 시 보호받을 수 있으므로 현금보다 훨씬 안전하고, 고액권으로 바꿀 수 있으므로 소지에도 간편하다. 그러나 여행지

에서 통용되지 않을 수 있으므로 사용에 불편한 점이 있다.

④ 신용카드는 수수료가 회사마다 다르나 저렴한 편이고 사용 후 1-2개월 후에 지급이 청구되므로 자금흐름에 여유가 있으며 그 기간동안에 이자가 붙지 않으므로 유리하다. 그러나 신용카드 사용시기와 결제시기 사이에 갑자기 환율이 오르면 예상치 못한 손해를 입을 수도 있다.

여행기간 동안에 달러가치가 상승할 것으로(환율이 오를 것으로) 판단되거나 환율이 급변하는 통화의 경우에는 미리 해당 통화로 바꾸는 것이 보다 안전하고 유리하므로 현금이나 여행자수표를 이용하고 신용카드 사용을 자제하는 것이 바람직하다. 반면 달러가치 하락이(환율 하락이) 예상되거나 환율이 안정적인 통화라면 현금이나, 여행자수표보다 신용카드를 이용하는 것이 유리하다. 늦게 결제할수록 하락한 가격으로 바꿀 수 있으므로 환율이 유리하게 적용되기 때문이다.

출장 여비 신청서는 아래 표와 같다.

명령번호	제	호		
출장목적				
출장기간	20 . ～ 20 . . . (박 일)			
예산과목			청구액	

<table>
<tr><td colspan="11" align="center">여 비 계 산 서</td></tr>
<tr><td rowspan="2">월 일</td><td rowspan="2">출발지</td><td rowspan="2">경유지</td><td rowspan="2">도착지</td><td rowspan="2">거 리
(km)</td><td colspan="4" align="center">여 비 액</td><td rowspan="2">합 계</td></tr>
<tr><td>교통비</td><td>일 비</td><td>숙박료</td><td>식 비</td></tr>
<tr><td></td><td></td><td></td><td></td><td></td><td></td><td></td><td></td><td></td><td></td></tr>
<tr><td></td><td></td><td></td><td></td><td></td><td></td><td></td><td></td><td></td><td></td></tr>
<tr><td></td><td></td><td></td><td></td><td></td><td></td><td></td><td></td><td></td><td></td></tr>
<tr><td></td><td></td><td></td><td></td><td></td><td></td><td></td><td></td><td></td><td></td></tr>
<tr><td></td><td></td><td></td><td></td><td></td><td></td><td></td><td></td><td></td><td></td></tr>
<tr><td></td><td></td><td></td><td></td><td></td><td></td><td></td><td></td><td></td><td></td></tr>
<tr><td></td><td></td><td></td><td></td><td></td><td></td><td></td><td></td><td></td><td></td></tr>
<tr><td></td><td></td><td></td><td></td><td></td><td></td><td></td><td></td><td></td><td></td></tr>
<tr><td></td><td></td><td></td><td></td><td></td><td></td><td></td><td></td><td></td><td></td></tr>
<tr><td></td><td></td><td></td><td></td><td></td><td></td><td></td><td></td><td></td><td></td></tr>
<tr><td></td><td></td><td></td><td></td><td></td><td></td><td></td><td></td><td></td><td></td></tr>
<tr><td></td><td></td><td></td><td></td><td></td><td></td><td></td><td></td><td></td><td></td></tr>
<tr><td></td><td></td><td></td><td></td><td></td><td></td><td></td><td></td><td></td><td></td></tr>
<tr><td>비 고</td><td></td><td></td><td>계</td><td></td><td></td><td></td><td></td><td></td><td></td></tr>
</table>

여비관리지침 제10조에 의하여 위와 같이 신청합니다.

신청자 소속:　　　직위:　　　성명:　　　(인)

210mm×297mm(신문용지 54/㎡)

5) 출장 보좌 업무

(1) 출장 준비 업무 (필요한 준비물 내역 정리)

상사의 출장준비를 돕기 위해 비서는 필요한 준비물 내역을 여행
폴더에 정리해 두고 하나씩 체크해 가면서 준비하도록 한다. 출장에
필요한 휴대품은 다음과 같다.

- 여권
- 명함: 해외출장일 경우 반드시 영문으로 되어 있는 명함을 넉넉
히 준비하도록 한다.
- 출장일정표와 기타 정보
- 관련 서류 및 자료: 만일을 대비해 복사본을 준비해 두도록 한다.
- 항공권 및 숙박, 렌터카 등의 예약 확인서
- 목적지의 지도 및 안내도
- 세계 시차 표
- 신용카드, 현금 또는 여행자수표, 방문국 소액권
- 교통예약 표, 경비, 축하금 봉투 등을 분류해서 준비
- 신용카드(출장, 접대 전용 기업신용카드가 있는 경우는 상사가 개인
용과 기업용으로 구분하여 신용카드를 사용할지 여부를 확인한다.)
- 노트북 컴퓨터 등 상사의 지시에 따른 준비물
- 선물

(유의사항: 선물을 준비할 때는 반드시 상사와 상의를 한 후 결정
하도록 한다. 선물의 부피가 너무 크거나 무거운 것은 피하도록 하고,
해외출장 시에는 한국적인 선물이 좋다. 또한 과거에 한 선물과 중복
되지 않도록 하며 이를 위해 평소 선물을 한 곳의 선물 내역을 기록

해 두는 것이 필요하다.

방문국의 종교나 관습상 금기되는 물품일 경우 상사나 상대방 모두 당황할 수 있으므로 사전에 확인하도록 한다.)

- 비상약(소화제, 감기약, 물파스, 진통제와 두통약, 멀미약, 정로환, 영양제 등을 고려할 수 있다.)

6) 상사 부재 시 비서 업무처리

① 전화응대 및 우편물 정리

상사의 부재중 비서의 업무에는 전화응대 및 내방객 접대가 있으며, 편지, 문서 접수 및 정리, 회송 업무를 일반적으로 수행한다. 즉 상사에게 오는 모든 우편물을 분류한 뒤 상사의 업무 대행자에게 회부한 것은 내용을 요약하여 처리결과를 상사에게 보고하고, 또는 상사가 직접 처리하여야 할 사항은 따로 보관하여 보고한다.

② 중요안건 처리

중요한 안건은 필요에 따라 출장지의 상사에게 직접 보고하고 지시를 받아 처리한다. 회신을 요구하는 편지나 메모일 경우, 사전에 관계 자료나 서류를 첨부해 두고 경우에 따라서는 비서 자신이 초안을 작성하여 상사의 업무가 원활히 수행되도록 한다.

상사와 일정한 시각을 정하여 두고 통화하면 정기적으로 업무보고, 업무지시를 수행할 수 있으므로 정기적인 시간 일정을 사전에 상사와 합의하는 것이 바람직하다.

③ 기타 업무 처리(중요내용 보고, 내방객 보고 등)

위임자, 대리자를 파악하여 업무를 신속하게 처리하고 종합하여 보고한다. 대부분의 상사는 자신의 부재 시에도 업무가 원활히 수행될 수 있도록 자신의 업무나 권한의 위임을 제3자에게 의뢰한다. 상사 부재 시 어떤 업무가 위임자 혹은 대리자에 의하여 처리되는지를 파악하여 급한 업무, 내방객, 긴급전화 등에 대한 업무를 신속하게 처리하고 처리결과를 종합 정리하여 보고할 수 있도록 준비한다.

④ 출장 중 비서의 태도 – 솔선수범의 자세 필요

상사 부재 시에는 근무자세가 나태하거나 자리를 자주 비우는 태도는 피한다. 이러한 비서의 태도는 다른 직원들에게 태만하게 보일 수 있으며, 사고는 항시 방심할 때 발생되므로 비서는 스스로 일을 찾아서 하는 솔선수범적 태도가 필요하다.

위와 같이, 이 모든 일들은 상사가 출장에서 돌아온 후 바로 업무에 임할 수 있도록 준비하는 것이다. 예를 들면 보고하여야 할 사항들인 우편물 정리, 상사가 출장 후의 스케줄을 대략적으로 작성하여 상사의 시간관리에 효율성을 준다.

7) 상사 출발 시 비서 업무

① 상사가 출발한 후에 비서는 방문할 곳에 대하여 몇 시에 출발하였으니 '몇 시에 도착 예정'이라고 전화로 상대방 비서에게 연락한다.

② 예정된 열차나 비행기를 타지 못했을 때에는 시간뿐만 아니라 승차한 열차 번호나 편명까지 될 수 있는 대로 빨리 방문지에 연락을 해야 한다.

8) 돌아오기 전날 비서 업무

• 상사가 돌아오는 날에는 예정된 시각과 교통편으로 도착할 것인지 항공사에 미리 연락한다.

• 상사의 귀국일정을 관계부서에 연락하고 상사의 취향에 따라 영접을 나가거나 차량을 대기시키도록 한다.

• 긴급한 사안의 보고는 사본으로 우송하여 긴급업무 처리에 만전을 꾀한다.

① 보고와 결재: 간단하게 요약표로 작성, 중요한 결재서류 순서대로 제시.

부재중 업무들은 간단하게 요약표로 작성하여 보고함과 동시에 결재서류는 중요한 순서대로 제시하여 상사의 시간을 효율적으로 관리하게 하여야 한다.

② 인사장: 상사 지시하에 처리, 시기를 놓치면 안 된다.

출장지에서 많은 관계자들에게 보내지는 감사카드 형태나 짧은 편지문을 어떻게 작성하는지에 관하여 상사의 지시하에 처리한다. 때에는 적절한 시기를 놓치지 않도록 신속하게 발송하는 점에 유의하여 처리한다.

③ 서류 정리: 중요사안부터 처리

출장 중 밀린 일상 업무를 수행해 나가면서 출장에서 발생된 대량의 서류를 처리하려면 많은 시간과 노력이 요구된다. 서류의 내용상 급하고 중요한 사안부터 순서 있게 정리하여 특별한 업무를 제외하고 출장에서 돌아온 후 3~4일 정도에 업무가 마감되도록 집중하여 처리한다.

④ 출장 보고서: 상사와 의논

출장 보고서는 상사와 의논하여 출장 목적, 일의 경과, 결과 사후 처리 방안 등을 기재하여 관계부서에 제출하여 업무의 진행이 연결되도록 한다.

⑤ 경비 정산: 영수증을 첨부하여 경리과에 제출, 사본은 출장경비 파일에 보관 정리.

선불로 지급된 출장경비는 영수증을 첨부하여 정리한다. 숙박비, 교통비, 일당 등 회사의 규정에 따른 금액을 기초로 정산하여 경리과에 제출하여 정산한다. 사본은 출장경비 파일에 보관하여 정리한다.

9) 비서가 수행하는 출장일 경우

(1) 여정 관리

교통편의 연착, 상사의 피로 등으로 여정의 변경이 있을 때는 관계자 등과의 조정이 필요하다.

(2) 기 록

귀사 후 처리해야 할 사항을 기록한다. 특히 상사가 출장 중에 알게 된 사람, 상대자에 대해 귀사 후의 감사의 편지 작성·명부 관리에 필요한 정보를 사전에 수립한다.

(3) 비서의 출장 수행 시 일반적 처리 사항

① 출발 전에 상사 및 자신의 휴대품을 확인한다. 중요한 자료를 잘 챙기고 자신의 휴대품은 가능한 줄인다.

② 출발역에서 만날 경우는 상사보다 먼저 도착해 있어야 한다.

③ 기차·비행기 내에서는 나란히 앉지 않도록 한다. 이는 상사의 휴식과 사적 시간을 방해하지 않기 위해서이다. 약간 떨어진 좌석이 좋고, 다른 차량의 좌석도 무방하다.

④ 식사 시간에는 식당을 이용할 것인지 도시락을 이용할 것인지 사전에 묻는다.

⑤ 열차 내에서 거래처 관계자, 상사의 지인을 만나면 그 사실을 알려 준다.

⑥ 열차가 목적지에 가까워지면 먼저 물건을 챙겨 상사에게 내릴 준비를 하게 한다.

⑦ 도착역에서 영접이 있을 때에는 비서는 먼저 내리고, 영접 나온 사람들과의 접촉을 방해해서는 안 되며, 외부인이 있을 때에는 이름을 파악하여 메모해 둔다.

⑧ 지사 출장의 경우는 상사의 안내를 상대방에게 맡겨 둔다.

⑨ 숙박 장소에서의 숙박 기록은 비서가 하고 방까지 안내하면 즉시 자기 방으로 돌아온다. 업무상 이외는 상사의 자유행동을 방해하지 말고 용무가 있으면 전화로 한다. 비서가 외출할 때는 상사의 허락을 얻는다.

⑩ 상사의 면회 혹은 초대를 받으면 상대방의 이름과 용건을 기록해 둔다.

⑪ 당일의 일정은 전일 저녁에 상담한다.

⑫ 조식 시간을 잊지 않도록 하며, 일정에 맞춰 숙소에 연락을 확실히 한다.

⑬ 저녁 식사의 유무도 외출 시에 알려 주고 여정이 변경되면 연락한다.

⑭ 숙박료의 지불은 비서가 하되 비용의 정산은 출발에 지장이 없도록 한다.

⑮ 토산물 구입을 원할 때는 숙소 주인의 말을 참고하여 구입한다.

13. 공식행사 진행

의전행사 진행절차 안내
-정부의전 편람 내용 발췌-

1) 일반 행사 식순

행사 진행순서인 식순은 행사의 종류에 따라 달리하나, 일반적인 공식식순은 다음과 같음. 그러나 식순은 의식의 의의나 진행상 편의에 따라 적절히 신축성 있게 조정할 수 있다.

가. 개식

나. 국민의례

(1) 국기에 대한 경례(국기에 대한 맹세 포함)

(2) 애국가 제창(1~4절)

(3) 순국선열 및 호국영령에 대한 묵념

다. 경과보고(필요 시)

라. 식사(행사주관기관의 장)

마. 유공자 포상(필요 시)

바. 치사(행사성격에 따라 기념사, 축사 등으로도 할 수 있으며 일반적으로 행사주빈이 함)

사. 식가 합창

아. 폐식

2) 진행요령

(1) 식전안내

의식이 시작되기 전에 사회자는 의식을 질서 있게 진행시키기 위하여 대체로 다음과 같이 식장정리에 필요한 조치를 하도록 한다.

① 옥내의 경우

식장의 전반적인 좌석배치 상황을 설명하고 참석자가 지정된 좌석에 착석토록 한다.

② 옥외의 경우

옥내의 경우에 준하여 참가자들을 정렬하도록 하되, 단체별로 참가하였을 경우에는 각 단체의 인솔자에게 일차적으로 정돈하도록 하며, 특히 많은 사람이 참가하는 식장에서는 퇴장 시의 혼잡을 피하기 위하여 퇴장 순서와 요령에 대해서도 개식 전에 미리 알려주는 것이 좋다.

옥내·외를 막론하고 의식진행 중의 유의사항에 대하여도 함께 개식 전에 주지시키도록 한다.

(2) 개식선언

행사주빈이 입장하여 참석한 후 장내가 정리된 것을 확인 후 사회자는 간략하게 개식선언을 하며, 이때 팡파르 등 개식주악이 있으면 주악토록 한다.

예) "지금부터 제○○회 ○○○기념식을 시작하겠습니다."(팡파르)

(3) 국민의례

① 국기에 대한 경례

○ 사회자는 참가자 전원을 기립시켜 국기가 위치한 방향으로 향하게 한 다음 "국기에 대하여 - 경례!" 구령을 하며, 주악(경례곡) 중간에 "국기에 대한 맹세"를 낭송(녹음설비의 이용 가능)토록 한다.

〈국기에 대한 맹세〉

나는 자랑스러운 태극기 앞에
조국과 민족의 무궁한 영광을 위하여
몸과 마음을 바쳐 충성을 다할 것을 굳게 다짐합니다.

• 경례방법
- 제복 착용자는 거수경례를 하면서 국기에 주목

- 일반참가자는 오른손을 펴서 왼편 가슴에 대고 국기에 주목
- 평복으로 착모한 자는 모자를 벗어 오른손에 든 채로 왼편 가슴에 대고 국기에 주목

- 주악(경례곡)

주악(경례곡)은 사회자의 국기에 대한 경례의 구령이 끝남과 동시에 시작하여 주악이 끝나면 사회자는 "바로"의 구령을 한다.

- 특수단체가 참가한 경우

집총한 특수단체(의장대)는 사회자의 구령에 맞추어 지휘자(인솔자)가 따로 구령을 하며, 다만 제복·제모의 특수단체가 주최하는 의식에 있어서는 지휘자의 구령에만 하도록 한다.

이때에 사회자는 식의 순서만을 알리며, 일반참가자는 지휘자의 구령에 따라 경례자세를 같이 취하도록 한다.(예: 국군의 날 행사)

② 애국가 제창

- 애국가는 모든 의식에서 부르게 되면 의식에 참가한 사람은 누구나 애국가를 경건한 마음과 단정한 자세로 제창한다.
- 애국가를 제창할 때에는 국기를 향한 자세로 음악반주가 있을 경우 지휘자의 지휘에 따라 전주곡(前奏曲)의 연주가 있은 다음 노래를 시작한다.

다만 음악반주가 없을 때에는 사회자의 신호에 따라 1절부터 참가자 전원이 함께 부르도록 한다. 애국가는 가급적 4절까지 부르도록 한다.

③ 순국선열 및 호국영령에 대한 묵념

- 사회자는 "이어서 순국선열 및 호국영령에 대한 묵념이 있겠습니다."라고 한다.
- 사회자의 "일동 – 묵념!" 구령에 따라 참가자 전원이 경건한 마

음과 태도로써 순국선열 및 호국영령의 명복을 기원하며, "바로!"의 구령으로 끝난다.

• 묵념을 할 때 주악이 있으면 끝날 때까지 하고 주악이 없으면 약 30초 이상 지난 후 사회자의 "바로"의 구령에 따라 묵념을 끝내도록 한다.

묵념이 끝난 후 사회자는 참가자를 원래의 자세로 정돈시키며, 좌석이 있는 사람에게는 착석토록 한다.

[국민의례 식순]

정식절차	1. 국기에 대한 경례(국기에 대한 맹세 낭송, 경례곡 주악) 2. 애국가 제창(1~4절) 3. 순국선열 및 호국영령에 대한 묵념(묵념곡 주악)
약식절차	1. 국기에 대한 경례(애국가 주악, 국기에 대한 맹세 생략) 2. 순국선열 및 호국영령에 대한 묵념(묵념곡 주악)

※ 약식절차는 야간, 체육행사 및 기관 내부회의 등 부득이한 경우
  에 한하여 실시

④ 경과보고(필요시)

경과보고는 행사의 직접적인 관련인사(3.1절 기념행사의 경우 광복회 관련인사, 준공식의 경우 공사 책임자 등)가 목적·의의·경과(추진) 사항을 간략하게 보고(3분 내외가 적당)하는 것이 좋다.

⑤ 식사(式辭)

식사는 당해 의식을 직접 주관하는 기관의 장(주최자 또는 단체의 장)이 하는 것을 원칙으로 함.

⑥ 유공자 포상(필요시)

사회자는 포상사유를 간략히 소개한 다음 유공자를 호명(훈격 성명)하면, 호명 받은 수상자는 단상에 일렬로 정렬하고, 이어 수여권자가 중앙에 서게 되면 수여권자에게 차렷 자세로 경례를 하도록 한다. 경례가 끝나고 사회자가 가장 높은 훈격의 훈장증을 낭독하고 나면 수여권자는 차례로 포상하며, 포상이 끝나면 수상자는 수여권자에게 경례를 한 후 단상에서 퇴장하도록 한다. 수상자가 다수일 경우, 대표 수상자 7명 내외를 선정하여 현장에서 포상하는 것이 좋으며, 음악연주단이 참여할 경우 경쾌한 우리 민요(예: 방아타령 등) 등을 연주하게 되면 행사장의 분위기를 높이는 데 크게 도움이 된다.

⑦ 치사(致辭)

ㅇ 치사는 기념사, 축사 등으로 구분할 수 있으며,

ㅇ 국가의식에 있어 일반적으로 치사는 행사주관기관의 장보다 지위가 높은 주빈이 하며, 귀빈행사의 내빈 중에서 축사를 하되 의식의 의미를 감안하여 주관기관에서 그 대상과 인원을 미리 정하도록 한다.

연례적인 국가의식에 있어 국가원수인 대통령의 치사가 있을 경우에는 다른 인사의 축사는 가급적 생략하고 있다.

※ 식사·축사 등은 참석자 중 지위, 행사의 유관도 등을 감안하여 상대적으로 비중이 낮은 사람이 먼저 하고 높은 사람이 가장 나중에 하여 끝마치는 것이 일반적인 관례이다.

⑧ 식가(式歌) 합창

각종 의식의 노래는 합창단이 참여할 경우 합창하거나 참석인사 전원이 제창토록 한다.

⑨ 폐　식

사회자는 간략하게 폐식 선언을 하며, 이때 팡파르 등 폐식주악이 준비되었을 경우 주악토록 한다.

(4) 기　타

① 감사장(패), 기념품 증정

식순에 감사장 기념품 증정 계획이 있을 때에는 축사 이전에 하는 것이 통례이다.

② 의식 중의 국기게양

의식을 거행하는 장소에는 옥내 및 옥외를 막론하고 의식을 집행하는 동안 반드시 국기를 게양 또는 게시하며, 국기를 게양 또는 게시할 수 없을 때에는 의식에 참가하는 의장대 또는 기수단의 국기로써 대체할 수 있다.

14. 비서와 인간관계

비서는 비서의 직무 특성상 고위의 상사를 보좌하다 보면 동료들로부터 소외당하기 쉬우며, 상사의 지위와 권력을 자신의 것으로 동일시하여 자신의 위치를 정확히 파악하지 못하고 행동하는 오류에 빠지기 쉽고 업무 특성상 다양한 계층의 사람을 상대하게 되기 때문에 인간관계에서 고도의 기술이 요구된다.

비서는 조직 내에서 의사 전달의 통로가 되기 때문에 조직 내 상황을 상부에 정확히 알림과 동시에 상부의 입장과 의사를 하부에 전달하는 역할을 한다.

이러한 위와 같은 사항으로 상사와의 인간과계나 동료와의 인간관계가 원만한 비서가 아니면 중간 통로 역할을 효과적으로 수행할 수가 없게 된다.

이 점을 보고 각 상사/내방객 등 직장 내외 사람들과 어떠한 관계를 가지게 되는지 알아본다.

우선 가장 중요한 자기 직속 상사와의 인간관계에 대해 알아본다.

상사와 비서의 관계는 존경과 신뢰의 관계로 이루어지는 것이 이상적이다.

이를 위해서 비서는 상사의 업무 영역에 필요 이상으로 개입해서는 안 되며, 사전에 합의하고 업무에 한하여 융통성을 발휘해야 한다. 비서는 성숙한 태도로 상사의 단점이나 실수를 이해하며 조용히 보완, 해결하는 태도를 가지고 임해야 한다. 상사의 업무나 성격을 잘 이해하고 항상 상사의 입장이 되어서 생각하고 행동하는 것이 필요하게 된다.

두 번째로 내방객과의 관계로는……

비서는 회사를 방문하는 손님에게 그 조직과 상사에 대한 첫인상을 주게 된다.

전화를 받거나 손님을 응대할 때에 항상 마음에서 우러나오는 친절함과 상대를 위한 배려의 자세를 보인다면 고객들은 그 조직에 대해 좋은 신상을 가지게 된다.

또한 손님을 응대하는 입장에서는 손님을 공평하게 대우하는 것이 필요하며, 모든 손님에게 한결같은 친절한 마음으로 성의껏 응대하도록 노력해야 한다.

세 번째로 상사의 부하 / 타 부서와의 관계로는……

비서는 상사로부터의 명령을 전달하는 경우에 정중함과 임기응변적인 재치를 가져야 한다. 상사의 부하 또는 직접 접촉이 없는 부서에 소속한 사람들에게도 회사 내외에서 마주치면 먼저 인사하는 등 작은 일에도 항상 주의를 가져야 한다.

첫째로 선배와는 존중하는 태도를 자기고 지도를 잘 받고, 또 그것이 자신의 생각과 다르다고 해도 처음에는 종래의 방법에 따라서 일을 처리하고 자신이 상당한 책임을 가지고 업무를 수행할 수 있게 되었을 때 개선을 시도하는 것이 좋다. 또한 선배들 중에서 존경하고, 특히 자신의 미래에 되고자 하는 위치에 있는 인생의 선배를 직장에서 찾아 조언을 구할 수 있다면 더욱 바람직하다.

둘째로 동료와는 비서의 직무 성격상 조직 내의 고위 직급자의 주로 근무를 하다 보면 일반 직원에 대해서는 자신도 모르는 사이에 불친절하게 대한다는 오해를 받기가 쉬운데, 일반 부서의 사원들과도 직장 내 모임이나 취미 활동 등을 통해서 폭넓은 인간관계를 형성하도록 하여야 한다.

마지막으로 후배와는 그로부터 신뢰할 수 있는 선배로, 이해심 많은 선배로 존경을 받으려면 자신의 경험을 기초로 하여 친절하게 지도를 해야 한다. 선배의 입장에서 여러 가지 도움을 제공하여 신뢰 받는 선배, 고충을 잘 들어주는 선배로서의 자세를 확립하도록 하여야 한다.

15. 비서에 대해

비서란 일반적으로 기업체나 관공서 등의 조직체에서 관리자의 문서 취급 등의 일상적인 업무뿐만 아니라 그 관리자의 업무 수행이 용이하게 되도록 보조해 주는 일을 담당하는 사람 또는 직위를 말한다. 하지만 "비서란 무엇인가"라고 할 때 국가, 집무 상황, 역사적 배경, 역할과 기능을 어떻게 보느냐에 따라 그 정의도 달라질 수 있다.

국어대사전에는 "장관·국회의원·사장 등에 직속되어 기밀문서와 용무를 맡아보는 직무"로 정의되어 있으며 한국어대사전에는 "요직에 있는 사람에 직속하여 기밀문서나 사무를 맡아보는 사람 또는 그 직책"이라고 정의되어 있다. 미국 현직 비서들의 모임인 전문비서협회 (PSI: Professional Secretaries International)에서 정의한 바에 따르면 "숙달된 사무기술을 보유하고 직접적인 감독 없이도 책임을 맡는 능력을 발휘하며, 창의력과 판단력으로 주어진 권한 내에서 의사결정을 내리는 간부적 보좌인" 이라고 정의했다.

궁극적으로 비서란, "한마디로 조직에서 경영자 혹은 관리자가 그들 본연의 업무에 전념할 수 있도록 제반 부수적인 업무를 맡아 처리하며 보좌하는 역할을 맡은 사람이라고 볼 수 있다.

비서는 크게 전문비서와 일반비서로 나뉜다.

일선에 있는 전문비서들은 자신의 직무를 가리켜 '코디네이터' 또는 '윤활유' 역할을 한다고 말하는데 그들은 상사의 일정을 계획·관리·조정하는 일을 하며 상사가 최적의 조건에서 업무를 수행할 수 있도록 보좌한다. 비서들은 경제, 정치, 외교, 산업의 각 분야에서 전문적인 행정 및 관리의 실무자로서 보좌역할을 수행한다. 때론 손님 방문 시 차를 나르기도 하지만 이것은 주된 업무가 아니다. 비서들은 각종 자료를 정리하거나 문서 등을 작성해야 하므로 능숙한 컴퓨터 운용능력이 요구된다. 그들은 사무능력뿐만 아니라 외국어 및 정보시스템 운용능력도 갖추고 있어야 한다.

대부분의 비서들은 전문대 및 4년제 대학을 졸업하고 전문비서로서 진출하게 된다. 비서들은 각 분야에 종사하다가 대학원을 진학하는 경우도 있는데 그들은 비서학과를 졸업한 후 종교비서나 회계비서 및 법률비서 등 특정한 분야의 업무능력을 향상시키기 위하여 대학원에 진학한다. 외국인 회사에 근무하는 비서의 경우 전문비서로서 그들의 능력을 발휘할 수 있는 기회가 많이 주어진다. 외국인 회사에 근무하는 전문비서들에게 영어는 필수이며 그 외에 몇 개의 외국어를 구사할 수 있으면 상사로부터 인정과 승진을 보장받게 된다. 손님 방문 시 차 심부름은 Tea lady가 차를 접대하므로 전문비서들은 차 심부름을 하지 않는다.

이들을 굳이 직무의 형태에 따라 분류하자면 관리비서라고 말할 수 있으며 이들의 업무는 어떤 곳에 종사하느냐에 따라 달라지는데 공통적으로 상사에게 필요한 정보를 취합·종합·정리하여 필요한 부분만을 상사에게 보고한다. 또한 상사가 회의 참석 시 회의록을 작성하고 상사와 함께 회의에 참석하여 회의 내용을 요약하기도 한다. 또한 매일 신문, 잡지 등 상사에게 필요한 사항을 정리하여 10분 정도 분량으로 브리핑한다. 이들은 상사의 부재 시 상사가 있는 것처럼 업무를 수행해야 하므로 더 바쁘다. 그리고 상사의 출장 시에는 퇴근 후에도 재택근무를 하게 되는데 이는 PC통신이나 전화, 팩스를 통해서 상사의 지시를 받아 업무를 처리해야 하기 때문이다. 일반적으로 전문비서들은 강한 자부심을 가지고 있으며 자기개발을 위한 시간을 갖기도 한다.

사회가 전문화됨에 따라 전문비서는 법률비서, 의료비서, 협회비서, 교육연구비서, 종교비서, 회계비서, 외국대사관비서 등으로 세분화된다.

법률비서는 개인법률사무소나 합동변호사사무실에서 법률에 관련된 문서를 처리하고 소송문의, 의뢰인의 문의에 대응을 한다. 특히 다국적 기업의 한국 진출이 늘어나는 요즘에는 이러한 기업들을 위해 서비스하는 법률사무소가 늘어나므로 몇 개의 외국어를 구사할 수 있는 비서의 수요가 점차 증가하고 있다.

회계비서는 개인 혹은 합동 회계사사무실에서 근무하는데 회계학적 지식과 뛰어난 숫자입력기술 및 컴퓨터를 사용한 업무처리 능력이 요구된다.

종교비서는 종교지도자의 대외활동을 위한 보좌와 종교단체의 행정적·금전적인 업무들을 처리하며 신자들에 관한 자료를 보관한다.

의료비서는 종합병원이나 병원부설연구소, 개인사무실에서 전문경영인을 보좌한다.

교육연구비서는 학교 행정업무 책임자를 보좌하거나 학교부설연구소에서 근무하며 특히 미국과 같이 교육기관의 운영에 있어 교육과 행정이 분리된 곳에서는 이 분야의 비서들에 대한 수요가 많다.

국회비서는 국회의원 및 지방의회의원 사무실에서 별정직 공무원 신분으로 근무하는데 기획능력과 정보수집능력을 바탕으로 의원을 보좌하며, 각종 회의록을 작성하고 유권자들에 대한 정보를 관리한다.

공공기관비서는 행정업무에 관한 지식을 바탕으로 관공서나 공공기관의 책임자를 보좌한다.

대사관비서는 주한 외국대사를 보좌하며 자국 및 기타 귀빈의 내한 또는 방문 시 영접에 필요한 제반 사항을 담당한다. 한편 비서는 수행하는 직무에 따라 안내비서, 서기비서, 행정업무비서, 문서사무비서, 수석비서 등으로 구분하기도 한다. 안내비서는 주로 손님 왕래가 많은 장소에서 방문객들을 안내하며 전화연락업무와 같은 간단한 비서업무를 수행한다. 서기업무비서는 총무부 등의 부서에서 부서의 업무뿐만 아니라 비서업무도 수행하는 비서를 말한다. 행정업무지원비서는 비서업무를 전문화시켜 최고경영자를 보좌하는 데 스태프적인 기능만 수행한다. 문서사무비서는 워드프로세싱 센터에서 컴퓨터나 전용워드프로세서를 사용하여 문서처리업무를 주로 수행한다. 수석비서는 승진서열에 따라 외국에서 분류한 것으로 우리나라 대기업에서는 비서실장, 비서과장 등으로 불린다.

전문비서가 상사를 보좌하는 역할이라면 일반비서는 상사를 보조하는 역할이라고 말할 수 있는데 아직까지 우리나라의 비서는 일반비서의 형태를 취하고 있다. 즉 문서 복사, 상사의 일정 관리, 우편물이나 서류 보관, 문서 작성, 전화 응답, 회의 소집 연락, 외부손님 내왕 시 차 접대 등 관리업무보다는 일반적인 조력업무를 수행한다. 비서는 상사보다 일찍 출근하고 늦게 퇴근하며 상사의 일정에 따라 공휴일에도 근무할 수 있다. 그러나 전문비서에 비해 휴일근무 횟수는 적으며 다른 사원들과 동일한 업무시간 동안 근무한다. 사회가 국제화되고 다변화됨에 따라 수요자들은 단순 업무보조역할을 수행하는 일반비서보다는 숙련된 사무능력을 바탕으로 창의력과 판단력을 가지고 경영자와 관리자를 보좌하며 각종 업무 및 시간 관리와 조직 및 인간 관리를 할 수 있는 다기능 전문비서를 요구하고 있다.

비서들은 일반적으로 쾌적한 사무실 공간에서 업무를 수행한다. 사무에 관련된 컴퓨터 및 사무기기와 서류보관함이 구비되어 있으며 상사의 업무와 연관된 회의 용도의 주변시설이 구비되어 있기도 하다. 비서들은 혼자 일하기도 하지만 회사나 소속 단체의 규모에 따라 비서실에 소속되어 여러 사람이 한 팀으로 일을 하는 경우도 있다. 어느 정도 규모가 있는 기업에서는 비서실을 별도로 운영하고 있으며 남자비서와 여자비서가 함께 근무하는 것이 일반적이다.

비서의 근무시간은 정규시간 이내로 규정되어 있지만 상사보다 일찍 출근하고 늦게 퇴근하는 것이 보편적이다. 필요에 따라 휴일에도 근무하기도 한다. 외국인 회사의 경우 출퇴근시간이 정확하고 주 5일 근무가 많다. 비서는 업무를 수행함에 있어 컴퓨터를 주로 사용한다. 비서는 대부분 앉아서 근무하며 대인접대가 많으므로 육체적 피로를 느끼기보다는 정신적 스트레스를 많이 받는다. 또한 문서작성 등의 일로 컴퓨터 앞에 앉아 있는 일이 많을 경우에는 눈의 피로와 손목의 피로를 느낄 수 있다.

일반적으로 고등학교를 졸업한 사람은 일반비서로, 2년제 대학 이상의 학력을 가진 사람은 전문비서로의 취업을 희망하게 된다. 일반비서로의 취업은 실업계 고등학교에서 비서학을 공부한 사람뿐만 아니라 인문계 고등학교 졸업자도 가능하지만 기업에서는 실업계 고등학교 졸업자와 대학에서 비서학을 전공한 사람을 더 선호한다. 그러나 아직까지 우리나라의 비서는 대부분이 일반비서의 개념이며 전문비서는 그 수효가 매우 적은 상태다.

1998년 현재 비서학과가 개설된 곳은 4년제 대학으로 이화여자대학교뿐이며 그 밖에 40여 개의 2년제 전문대학에서 비서학과를 개설해 놓고 있다. 학과교육은 처음 2년 동안 사무·경영, 컴퓨터조작, 비서학, 사무영어, 정보시스템, 경영통계자료분석 등을 배우며 고학년에서는 인간관계론, 정보관리론, 국제통상, 비서회계, 영어문서 작성론, 고급비서 실무론 등을 학습하게 된다. 한편 실업계 고등학교의 경우 한 학년에 1~2개의 반을 비서학과로 운영하고 있으며 국가기술 3급 비서자격자의 육성을 위한 기본적인 비서 교육이 3년 동안 이루어진다. 그러나 비서자격증이 활성화되지 않은 관계로 자격증 취득률은 매우 저조하며 대신 학생들은 워드프로세싱 자격증이나 어학에 더 많은 시간을 할애하고 있다.

대부분의 2년제 대학에서 신입생으로 여학생을 선호하고 있으나 남학생도 지원할 수 있다. 정규학과 과정을 제외한 전문비서 양성 프로그램은 이화여대에서 개설한 '전문직 개발원 프로그램' 중에 '국제 전문비서과정'이 1년 과정으로 개설되어 있으며 이는 노동부의 보조를 받는 것과 자체 프로그램의 두 종류가 있다. 이 과정에는 대학재학생이나 최근 졸업생 그리고 현직, 퇴직 비서로 재교육을 원하는 사람들이 지원할 수 있으며 이들은 컴퓨터, 비서실무 및 실무영어 등을 배우게 된다. 우리나라에는 비서 1급, 2급, 3급의 비서 검정시험이 대한상공회의소 주관으로 1992년부터 시행되고 있으며 일반상식, 경영학원론, 비서실무, 생활영어, 컴퓨터 활용 능력 등을 심사한다. 아직 비서자격증의 활용빈도는 낮은 편이지만 전문비서의 필요성이 대두되면서 기업체 및 전문분야에서 비서자격증 소지자를 점차 선호하고 있다. 중소기업이나 소규모 단체에 근무하는 비서들은 비서학을 전공하지 않고도 비서 일을 수행할 수 있으나 전문비서들이 하는 일과는 질적으로 차이가 난다. 지방에서는 혜전대학 행정전산과에서 커리큘럼상에 비서행정이 있어 비서 관계의 학문을 배울 수 있다. 이론을 겸비한 현장 중심의 교육이 이루어지고 있다.

비서업무를 수행하는 데 필요한 적성 및 요건은 재치, 타인에 대한 배려, 정중함, 밝고 풍부한 감수성, 착실함, 세심함, 뛰어난 기억력, 비밀유지 능력, 신뢰감 등이 있다. 또한 비서들은 하는 일의 범위가 넓기 때문에 일 하나하나를 정확하게 처리하는 정확성과 민첩성이 요구된다. 비서는 회사나 조직의 비밀을 절대 누설해서는 안 되므로 철저한 직업정신이 필요하다. 비서들은 단정한 용모와 옷차림이 요구되며 그들의 행동이 상사의 업무에 방해가 되어서는 안 된다.

경력이 쌓인 비서의 경우 비서실장 등으로 승진이 가능하며 승진체계가 없는 단체의 경우는 경력에 따라 임금이 상승된다. 그러나 전문비서와는 달리 일반비서들의 임금 상승폭은 낮다. 대부분의 기업에서 몇 년마다 주기적으로 보직 이동을 하고 있기 때문에 일반기업에서 평생비서로 남는 경우는 극히 드물다. 외국의 경우 비서들은 평생직장의 개념이 있으나 우리나라의 경우는 아직 그러한 개념은 없다. 한편 외국기업에 근무하는 전문비서의 경우는 특히 다수의 외국어 구사능력이 승진에 도움이 된다. 대규모 기업체의 경우 전문비서는 사무직과 동일한 직책순위로 승진이 가능하며 업무관련 부서로의 전직도 가능한 편이나 아직까지 우리나라에서는 단순 기능적으로 상사의 지시나 명령에 따라 일을 수행하는 보조자로서의 역할을 하는 경우가 많다. 전문비서의 승진체계는 경력 및 능력에 따라 수습비서, 비서, 선임비서, 수석비서, 수석보좌역 등으로 승진이 가능하지만 아직까지 우리나라에서는 보편화되어 있는 승진체계는 아니고 외국기업에서 보편화된 승진체계이므로 국내에 있는 외국기업에서 시행되고 있다.

비서는 모든 종류의 조직에서 수요가 있으므로 고용기회는 많고 다양하다. 현재 국내에 비서는 약 30만 명 정도가 각 분야에서 근무하고 있는데 이 중에서 전문비서는 약 300여 명 정도이고 나머지는 일반비서이다. 대부분의 비서는 건설업, 제조업, 통신업, R&D 기관 등 일반산업 전반에 걸쳐 고용되어 있고 전문비서는 법률회사, 호텔, 금융·회계, 국회의원 및 정치가, 병원, 종교계, 국제회의 및 행사, 외국인 회사, 대사관 등에 고용되어 있다. 특히 전문비서는 주한 외국대사관에 100여 명 정도가 고용되어 있으며 외국회사 또한 전문비서의 주요 고용주이다. 비서의 고용은 일반적으로 공개채용 또는 추천에 의한 능력별 고용이 이루어지고 있으며 수시 특채 시에는 경력과 어학능력을 중시하는 경향이 있고, 전문비서의 경우는 대학 이상의 학력수준이 요구된다.

비서의 임금은 일반적으로 비서의 업무능력 및 업무성격에 따라 다르다. 일반비서는 학력이 고졸이냐 대졸이냐에 따라 혹은 경력에 따라 임금의 차이가 있으며 전문비서는 일반적으로 일반비서에 비해 높은 임금을 받는다. 또한 전문비서는 경력 및 업무의 특성에 따라 임금도 상승하게 되는데 전문비서의 초임은 1998년 기준으로 연평균 1,300~2,000만 원 정도를 받았다. 특히 외국기업에 종사하는 전문비서의 경우 초봉은 1,500~2,300만 원 정도이며 16년 정도의 경력을 가진 전문비서의 경우는 7,000~8,000만 원 정도의 연평균 임금을 받았다. 또한 외국기업에 종사하는 전문비서의 경우 특별수당이 지급되기도 한다. 이에 비해 일반비서의 연평균 초임은 900~1,600만 원으로 학력에 따라 차이가 있으며 경력에 따른 임금 상승률은 전문비서에 비해 현저히 낮다. 이는 지금까지의 일반비서들의 학력이 전문비서교육을 받지 않은 비전공자이거나 고졸 학력으로 인한 호봉 수에서 경력을 인정받지 못했기 때문이다.

향후 5년간 전문비서의 고용은 증가할 것으로 전망된다.

과거 비서는 상사의 지시나 명령에 따라 업무를 수행하는 수동적·단순 기능적인 면이 주를 이루었다. 그러나 기업조직이 대규모화되고 고도의 전문 경영관리 기술을 소유한 전문경영자의 수효가 증가됨에 따라 이들이 능률적으로 최대의 업무성과를 올릴 수 있도록 종합적으로 업무를 보좌하는 전문비서의 수요가 증가하고 있다.

기술발전에 따라 사람이 할 수 있는 일을 기계 및 장치들이 대신하고는 있지만 비서들의 영역이 감소한 것은 아니며 오히려 기술 문명의 발달에 따라 비서들의 역할이 증가했다고 할 수 있다. 특히 전문비서의 경우 기업에서는 여러 사람이 수행해야 하는 일을 다기능을 소유한 전문비서 한사람이 수행하기를 희망하고 있으므로 다기능 전문비서들의 수요는 계속 증가할 것으로 예상된다. 또한 국내시장개방으로 외국기업들이 국내에 많이 진출하게 됨에 따라 외국기업에서 전문비서에 대한 수요는 늘어날 전망이다.

인간관계에 대해

인간은 사회적 동물로 사회 속에서 다른 사람과의 관계를 떠나 존재할 수 없다. 어려서는 부모·형제들과의 관계 속에서 살아가고 조금 더 커서는 학교라는 집단 속에서 친구들과 관계를 가지며 또 성인이 되었을 때는 사회라는 커다란 세상 속에서 여러 부류의 수많은 사람들을 만나고 그들과 인간관계를 맺게 된다. 우리의 인간관계는 인생의 발달단계에 따라 변화한다. 인생의 발달단계에 따라 만나는 사람들이 달라지고 경험하게 되는 인간관계의 양상도 달라진다.

인간관계의 정의는 '조직 구성원들이 자신의 만족은 물론 조직의 만족을 달성하고자 노력하는 인간들의 상호 관계'라고 할 수 있다. 또한 인간관계는 태어나면서 죽을 때까지 인간들의 삶을 영위하는 데 관련되는 모든 문제들을 해결하고 살아가는 인생의 과정이다. 그리고 환경과 전통 문화의 규범에 따라 순리적이고, 지속적인 인간다운 삶을 영위하기 위한 재과정이라고 정의될 수 있다.

인간관계는 삶의 중요한 영역이다.

한 인간으로 생존하기 위해서, 정체감을 확립하기 위하여, 그리고 건전한 성격을 발달시키기 위하여 우리는 상호 작용을 할 수 있는 사람들을 필요로 한다. 다시 말해서 우리는 타인들과의 만족스럽고 효과적인 인간관계의 경험을 통하여 보다 풍부하고 보다 완성된 인간으로 성장할 수 있는 것이다. 우리는 일상의 생활에서 무수히 많은 사람들과 관계를 맺고 있으며, 이러한 관계를 통해서 인간다운 인간으로 성장, 발달하게 되는 것이다. 그러나 만일 사람과의 관계를 맺지 못하거나 박탈당한다면 그것은 프랑스 아베롱 지방의 늑대소년 내지는 인도의 이리소년과 다를 바가 전혀 없는 한낮 동물에 불과하다고 하겠다. 이처럼 다른 인간들과의 관계가 우리로 하여금 자아의식을 가진 인간으로 성장하게 하는 동시에 어떤 유의 인간으로 발달할 수 있느냐에 대해서도 크게 영향을 미치는 것이다.

그러므로 우리의 대인관계가 만족스럽고 효과적일 때, 바로 그러한 인간관계의 경험을 통하여 우리는 한 인간으로서 바람직한 성장, 발달을 하게 될 것이다. 반대로 우리의 인간관계가 불만스럽고 비효과적일 경우, 우리의 성장, 발달은 방해를 받게 되는 것이다. 이처럼 우리들이 경험하게 되는 인간관계의 질과 양에 따라 우리는 독특한 자아를 형성, 발달시킬 뿐만 아니라, 개인의 정체와 건전한 인격발달에도 지대한 영향을 받게 된다.

과거에는 가정이 그 가족성원들에 대하여 여러 가지 봉사적 기능을 수행하여 왔었다. 그러나 최근에 와서는 그와 같은 여러 가지 기능들 중에서 정서적 욕구의 충족, 특히 애정의 충족을 위한 기능만이 하나의 사회기관으로서의 가정의 존재의의를 갖게 하는 유일한 기능으로 남게 되었다. 현대인은 외부세계에서 충족시키지 못하는 정서적 욕구를 그들의 가정에서 가족관계를 통하여 충족시키려고 한다.

우리의 삶에 있어서 '사람과 사람 사이'만큼 중요한 것이 있을까? 아마도 없을 것이다. 왜냐하면 우리의 행복과 불행이 그 사이에서 결정되기 때문이다. 사랑과 증오, 환희와 고뇌, 기쁨과 슬픔이 그 사이에서 생겨나기 때문이다. 반면에 이 세상에서 '사람과 사람 사이'만큼 이해하기 어려운 것이 있을까? 인간은 작은 우주라고 할 만큼 오묘하고 복잡한 존재이다. 하물며 인간과 인간의 만남 속에서 펼쳐지는 인간관계야말로 가장 난해한 삶의 영역인 동시에 가장 풀어 나가기 어려운 삶의 과제인 것이다.

인간은 사회적 존재이기 때문에 이 세상을 홀로 살아갈 수 없다. 인간이라는 말의 한자의 뜻을 풀이해 보면 '사람 사이'라는 말이다. 즉 인간을 인간답게 하는 것은 타인과의 관계 속에서만 가능하다고 볼 수 있다. 우리 모두는 어떠한 형태이든지 인간관계를 맺고 있다. 어떤 사람들은 보다 많은 사람과 인간관계를 맺고 있으며, 어떤 사람들은 극히 소수의 사람과 인간관계를 맺고 있다. 어떤 사람들은 원만하고 즐거우며 사랑과 신뢰에 가득 찬 인간관계를 맺고 있는 반면, 어떤 사람들은 외로움과 공허를 느끼는 인간관계를 맺고 있다. 인간관계는 한 개인이 느끼는 행복의 정도에 많은 영향을 미치기도 하지만, 일에 있어서의 즐거움과 성취에도 많은 영향을 미치기도 한다. 인간관계가 우리들의 진로에 어떠한 영향을 미치는가를 이해하는 것은 매우 중요한 일이다.

① 비서는 문장을 바르고 정확하게 작성할 수 있어야 한다. 전화를 통해 받아 적는 전달 문서, 손님의 용건 등은 항시 메모를 해야 하고, 또 상사로부터 요점만 지시받아 그것으로 문서를 작성하는 경우도 많다. 이러한 업무를 수행하기 위해 문장을 바르고 정확하게 작성하는 능력을 갖추어야 한다.

② 비서는 상사가 필요로 하는 문서를 즉시 찾아낼 수 있도록 항상

문서를 체계적으로 정리, 보관할 수 있도록 해야 하는데, 문서정리는 전체 조직이 같은 문서관리 시스템을 쓰고 있을 경우에는 자신만의 방법을 고집하기보다는 일관성 있게 관리해야 한다.

① **정보관리**

㉠ 상사는 비서에게 각종 정보 자료들 중에서 어떤 것이 가장 중요한 것인지를 적절히 판단하여 그것을 수집－정리해 줄 수 있는 지식과 능력을 기대한다. 많은 정보관리 업무 중에서도 신문 스크랩은 단순한 업무 같지만 결코 소홀히 해서는 안 되는 것이다.

㉡ 비서는 정보관리 업무를 수행하기 위해여 정보처리 기기의 조작과 운용을 비롯하여 정보관리에 관한 실무지식을 갖추어야 하며, 때때로 해외정보를 수집해야 하기도 하므로, 이러한 경우를 대비하여 외국어 능력도 숙달해야 한다.

② **의사소통**

㉠ 비서는 기본적으로 정확하고 올바른 의사소통 능력을 지녀야 하는데 특히 전화응대, 방문객 접대 등 대외적으로 의사소통을 할 기회가 많은 만큼 경어, 존칭어, 겸양어 등을 바르게 구사할 수 있어야 회사와 상사의 이미지를 높일 수 있다.

㉡ 언어적인 의사소통 능력뿐만 아니라 얼굴표정, 몸짓, 손짓 등 비언어적인 의사소통 능력도 중요하므로 이를 적절히 활용하여 효과적으로 의사소통을 하도록 한다.

㉢ 외국 손님을 맞을 때를 대비하여 전화응대, 손님응대에 관한 기본회화(영어, 일어 등)를 익혀 두도록 한다.

③ 사무용 기기의 활용

㉠ 컴퓨터, 복사기, 팩시밀리 등 자동화된 사무용 기기를 조작하고 활용할 수 있도록 해야 한다. 요즈음에는 일반적인 문서의 작성뿐만 아니라 그래프의 작성, 계산 능력까지 갖춘 프로그램이 개발되어 있다.

㉡ 보고서, 초대장, 인사장(편지) 등을 작성할 때뿐만이 아니라 부기-회계 업무에도 활용이 가능하다.

* 행 정

행정을 규정함에 있어서 시대성과 사회성 및 국가나 정부형태를 초월한 개념의 틀을 정립한다는 것은 사실상 불가능한 일이다. 왜냐하면 행정현상은 시대와 사회 및 국가형태에 따라서 변하여 왔고, 그에 따른 행정수요에 대응해 나가기 위해서 행정기준이 변하고 있기 때문이다.

현대적인 입장에서 행정을 정의해 보면, "행정이란 정치권력을 배경으로 하여 공공정책을 형성하고 집행하며 관리하는 정부의 활동이다."

④ 비서의 자기개발

인터넷의 대중화는 산업혁명과 버금가는 시대의 흐름을 바꿔 놓았다는 것을 알 수 있다. 수많은 정보와 지식은 이제 네트워크 공유로 인해 개인만이 갖고 있는 지식은 무용한 것으로 알 수 있고, 우리가 원하는 정보나 지식에 대해 알고자 관심을 갖고 시간을 투자한다면 보다 자기개발을 쉽게 할 수 있다. 일례로 최근 계속적으로 알 수 있듯이 10억 모으기 말이 많이 있다. 미처 알지 못한 것과 다른 사람들의 기발한 아이디어 또는 재테크의 방법을 서로 공유해 보면서, 실제로 그것을 응용하여 더 새로운 아이디어를 개발하여 재테크에 성공한 회원들도 주변에 많은 것으로 알려져 있다. 이렇듯 자기개발과 더불어 네트워크 공유를 통한 새로운 지식과 정보의 습득은 새로운 지식 사회의 모습으로 자리를 잡아가고 있는 것을 알 수 있었다. 첨단 두뇌로 인식되었던 과거 박사의 개념은 이제 허물어져 가고 있는 것을 알 수 있고 지식 정보 공유의 시대에서는 누구나 다 박사가 될 수 있을 것이라고 생각한다. 주변에서 공직자들도 보면 현재에 안주하려 하지 않고 지식과 정보 탐구에 관심을 가지고 시간투자를 해 보다 좋은 자기개발을 할 수 있을 것이라고 생각한다. 이렇듯 알 수 있듯이 비서의 자기개발로서 예를 들어보면 아침형 인간이 되어 모든 하는 일에 적극적으로 활동하고, 항상 나에게 필요한 것은 메모를 해두는 것이 좋다는 것이다. 이것뿐만 아니라 여러 가지 자기개발에 대해서는 여러 가지가 있습니다. 끊임없이 도전하여 실패의 원이 되는 정보를 없애고, 다시 성공으로 바꿔야 한다.

■ 모의면접 1

학생은 ①에서 한 문제, ②③에서 한 문제를 질문 받게 됩니다(총 2문제). 모든 문항에 대해 충분히 연습을 한 후, 면접에 임해 주시기 바랍니다.

면접 순서는 당일 번호 순서대로 진행할 예정입니다. 한 번에 4명씩 입장하며, 가장 먼저 들어온 면접자부터 번호와 이름을 말한 후 착석합니다. 이전에 앉으면 감점입니다. 면접에 대한 평가표는 아래에 제시되어 있으므로 참고하시기 바랍니다.

구분	질문 체크	질 문 사 항
① 지망 동기 및 준비	1	당사를 무슨 이유로 선택하셨습니까? 평소 ○○에 대해 가진 이미지를 말씀해 주십시오.
	2	최근 ○○○○에서 출시한 상품을 한 가지만 들어 보십시오. 그리고 그 기능에 대해 아는 만큼 설명해 보십시오.
	3	○○○○의 경영이념과 철학에 대해 간단히 설명해 보십시오.
	4	어제 ○○○○주의 종가를 아십니까? 최근 우리 회사의 주식 시세에 대해 말씀해 보십시오.
② 직업 에의 마음 가짐	1	비서직으로서 가장 중요한 능력은 어떤 것이라고 생각하십니까?
	2	입사 후 비서직이 본인의 생각과 많이 다를 때, 당신은 어떻게 할 것 같습니까?
	3	자기가 좋아하는 일이나 잘 맞지 않는 상사, 선배는 어떻게 하면 잘해 나갈 수 있겠습니까(상사와 의견이 다를 때 어떻게 대처하겠습니까?).
	4	만약에 취업했을 경우, 당신은 몇 년 정도 근무할 수 있겠습니까.
	5	비서직으로서 평소 옷차림에 대한 소신을 말씀해 보십시오.
③ 학교 · 가정 · 기타	1	재학시절 학과활동 외 어떤 일을 해 보셨습니까? 무엇 때문에 그 일을 해 보았으며, 만약 과외활동이 없었다면 그 이유는 무엇입니까?
	2	존경하는 사람은 누구입니까. 어디에 매력을 느끼었습니까.
	3	지금 읽고 있는 책과 신문, 잡지는 어떤 것입니까.
	4	당신의 장기(특기, 잘하는 것)를 객관적으로 말해 주십시오.
	5	최근에 읽은 사설 제목은 무엇이었으며 사설 내용에 대해 어떻게 생각하십니까?
	6	당신이 잘하는 학과(과목), 잘 못하는 학과를 각각 2가지를 들고 그 이유를 설명해 보십시오.

옷차림 및 메이크업	화법과 언어예절(어법)	문제에 대한 응답수준(내용)	응답 태도
· 면접에 합당한 옷차림인가 · 액세서리는 적당한가 · 화장이 짙거나 성의 없지 않은가 · 구두가 옷에 맞는 모양인가 · 의상의 색이 사무실에 적합한가 · 바지를 착용했다면 그만큼 활동적인 성향이 있는가 · 헤어스타일은 적합한가	· 어법에 맞게 응답을 하는가 · 존댓말을 제대로 사용하는가 · 은어나 속어를 사용하지 않는가 · ~요, 같아요 등 어린 말투를 사용하지 않는가 · 머뭇거리면서 시간을 지체하지는 않는가	· 문제를 제대로 이해하고 있는가 · 답변을 충분히 준비하였는가 · 논리적으로 응답을 하는가 · 올바른 정보에 대해 응답하고 있는가(말을 꾸미지는 않는가) · 진실을 말하고 있는가	· 머리카락을 만지고 있지 않는가 · 다리를 고정하고 있는가 · 고개나 손을 움직이지는 않는가 · 적당한 바디랭귀지를 구사하는가 · 시선이 산만하지 않은가 · 착석자세는 올바른가

이름＼영역	옷차림 및 메이크업	화법과 언어예절 (어법)	문제에 대한 응답수준 (내용)	응답 태도	기타 (가산 및 감점)	합계
배점	5	10	10	5	+ 혹은 -	30점 내외
1						
2						
3						
4						
5						
6						
7						
8						
9						
10						
11						
12						
13						
14						
15						
16						
17						
18						
19						
20						

■ **모의면접 2**

학생은 ①에서 한 문제, ②③에서 한 문제를 질문 받게 됩니다(총 2 문제). 모든 문항에 대해 충분히 연습을 한 후, 면접에 임해 주시기 바랍니다. 한 질문에 대답은 1분 내외를 기준으로 준비합니다. 너무 길어질 경우 종을 치게 됩니다. 면접 순서는 당일 무작위로 배분하여 정해진 순서대로 진행할 예정입니다. 다만 b반의 직장인은 다음 주 월요일까지 유지선에게 연락한 사람에 한하여 면접시간을 조정해 드 립니다. 조원은 당일에 면접장소 출입문 옆에 부착합니다. 한번에 4명 씩 입장하며, 가장 먼저 들어온 면접자부터 번호와 이름을 말한 후 착석합니다.

구분	질문	질 문 사 항
① 지망 동기 및 준비	1	우리 회사의 홈페이지를 방문해 보셨습니까? 장점과 단점 한 가 지씩을 지적해 보십시오.
	2	○○○○의 비전이 뭔지 알고 있는지, 그리고 신문에서 본 우리 회사의 최근 경영활동에 대해 말해 보세요.
	3	우리 회사에서 생산되는 제품이 어떤 것이 있는지 한번 생각나는 브랜드와 제품을 모두 말해 보세요.
	4	우리 회사에는 자랑스러운 일 등 상품들이 있습니다. ○○의 일 등 상품 한 가지에 대해 품평을 해 보십시오.
	5	왜 우리 ○○에 지원하셨는지요? 그리고 왜 우리가 본인을 꼭 채 용해야 하는지 말해 보세요.
	6	어제 ○○○○ 주식의 종가를 아십니까? 최근 우리 회사의 주식 시세에 대해 말씀해 보십시오.

구분	질문	질 문 사 항
② 직업 에의 마음 가짐	1	비서직으로서 가장 중요한 능력이나 자질은 어떤 것이라고 생각하십니까?
	2	만약 다른 부서의 직원이 일을 도와달라고 한다면 어떻게 하겠는가?
	3	비서 전공을 하면서 가장 열심히 공부한 분야는 어떠한 분야입니까? 또 이 자리에 어떻게 도움이 되리라 생각하십니까?
	4	만약에 취업했을 경우, 당신은 몇 년 정도 근무할 수 있겠습니까.
	5	상사가 본인의 생각으로는 잘못된 지시를 내린다면 어떻게 대처하겠습니까?
	6	본인 취미나 특기 중에서 비서직에 도움이 될 만한 것이 있습니까?
③ 학교 · 가정 · 기타	1	재학시절 학과활동 외 어떤 일을 해 보셨습니까? 무엇 때문에 그 일을 해 보았으며, 만약 과외활동이 없었다면 그 이유는 무엇입니까?
	2	존경하는 사람은 누구입니까. 어떤 점 때문에 존경하는지요?
	3	지금까지 살아오면서 가장 부끄러웠던 일은 무엇입니까?
	4	당신의 장점(특기, 잘하는 것)과 단점을 객관적으로 말해 주십시오.
	5	오늘 조간신문에서 가장 눈에 띄는 기사가 무엇이었으며, 기사에 대한 의견은 어떻습니까?
	6	친구들은 당신의 성격을 어떻다고 흔히들 이야기합니까?
	7	최근에 읽은 책은 무엇이며 작가는 누구인가?
	8	대학생활을 하면서 가장 아쉬웠던 점은 무엇인가?
	9	자신의 시사 및 경제 분야의 지식이 어느 정도라고 생각하는가?
	10	당신이 잘하는 학과(과목), 잘못하는 학과를 각각 2가지를 들고 그 이유를 설명해 보십시오.

■ 비서실무 실습 면접 평가표

*면접위원은 배점 내에서 자유롭게 점수를 줄 수 있습니다.

영역 이름	옷차림 및 메이크업	화법과 언어예절 (어법)	문제에 대한 응답수준 (내용)	응답 태도	기타 (가산 및 감점)	합계
배점	5	10	10	5	+ 혹은 -	30점 내외
1						
2						
3						
4						
5						

*기타 가산 및 감점은 지각 등의 결격사유나 탁월한 응답을 했을 때 3점 내외로 가감됩니다.

옷차림 및 메이크업(5)	응답 태도(5)
· 면접에 합당한 옷차림인가 · 액세서리는 적당한가 · 화장이 짙거나 성의 없지 않은가 · 구두가 옷에 맞는 모양인가 · 의상의 색이 사무실에 적합한가 · 바지를 착용했다면 그만큼 활동적인 성향이 있는가 · 헤어스타일은 적합한가 · 표정은 밝은가	· 머리카락을 만지고 있지 않는가 · 다리를 고정하고 있는가 · 고개나 손을 움직이지는 않는가 · 적당한 바디랭귀지를 구사하는가 · 시선이 산만하지 않은가 · 착석자세는 올바른가
화법과 언어예절(어법)(10)	**문제에 대한 응답수준(내용)(15)**
· 첫인사와 끝인사는 깔끔하게 처리했는가 · 자기소개를 잘 외우고 있는가 · 어법에 맞게 응답을 하는가 · 존댓말을 제대로 사용하는가 · 은어나 속어를 사용하지 않는가 · ~요, 같아요 등 어린 말투를 사용하지 않는가 · 머뭇거리면서 시간을 지체하지는 않는가	· 문제를 제대로 이해하고 있는가 · 답변을 충분히 준비하였는가 · 논리적으로 응답을 하는가 · 올바른 정보에 대해 응답하고 있는가 (말을 꾸미거나 부정확한 정보가 없는가) · 진실을 말하고 있는가

　비서는 교육적인 지식이 풍부하여야 하며 많은 사람들과 관계하며, 상사의 보필자로서의 일을 원활히 수행하기 위해서는 행정적인 지식과, 인간을 존중하는 교육학적인 교육이 필요하다. 또한 심리를 알아야 하기에 심리학적인 지식도 필요하다.

　비서는 전인적인 인간의 품성이 있는 사람이 수행해야 한다. 조직과 회사의 발전이 비서와 직결되기 때문이다.

• 저자 •

한만봉
(韓萬奉)

• 약　력 •

1994. U.S.A. Midwest College(M.Div, Hon, D)
2002. 고려대학교(교육정책학 석사 - 수석장학생)
2005. 성균관대학교 대학원 박사Candidate(교육행정학 전공)

1995. 한국어린이선교원신학교 캠퍼스 분교 학장
2002. 고려교육정책학회 상임회장(학진 학회검색가능)
2002. 고구려대학교 설립추진위원회 법인이사
2003. 한주신학 학술원 설립이사(교수)
2004. U.S.A. Cohen University 정책학과 cross-appointed professor
2005. U.S.A Holy People University Campus 유학담당 지도교수
2005. PHILIPPINE PRESBYTERIAN THEOLOGICAL COLLEGE 객원교수
2005. 혜전대학 adjunct professor 교수
2005. 지방분권신문사 사장(대표 이사)

• 주요논저 •

우리나라의 복지행정제도에 관한 고찰 연구(1988)
Kal Barth 의 신관 연구(1988)
한국 민중문화와 민중 신학 연구(1992)
Rein hold Niebuhr & Marx 에 대한 상관관계 연구(1993)
A CHRONOLOGICAL HARMONY OF THE RESURRECTION
APPEARANCES OF JESUS THE MESSIAH(1994)
북한종교의 변화 전망 연구(2002)
교육위원회와 지방의회간의 갈등 현상에 관한 연구(2001)
조선조 과거시험 방식의 정책적 분석(공동, 2005)
조선의 과거제도에 대한 정책적 연구(공동, 2005)
조선왕조 과거제도 인사정책 연구(공동, 2005)
조선왕조 과거시험주기 정책적 주장 분석연구(공동, 2005)
조선왕조 과거제도가 현대 정책에 주는 의미(공동, 2005)
과거제도 시험주기의 정책 분석연구(공동, 2005)
북한 종교지형 변천 정책 분석연구(공동, 2005)

『대학생활영어 ENGLISH LANGUAGE』(공저)
『행정경제교육』(저술)　　　『행정정책기획론』(저술)
『의원학』(저술)　　　　　　『국회의원학』(저술)
『교육정책학 상』(저술)　　　『교육정책학 하』(저술)
『산학협동교육학』(저술)　　『현대교육학실기론』(저술)
『현대환경행정론』(공저)　　『행정사무관리론』(공저)
『영재교육심리』(저술)　　　『인사행정학』(저술)
『행정복지론』(저술)　　　　『조직신학』(공저)
『아다르마 성공비법』(저술)
외 다수

• 연락처 •

doctor@skku.edu 010-4432-8561 041-633-8561, 633-5741, 631-2094

교육학과 비서행정

• 초판 인쇄	2007년 8월 30일
• 초판 발행	2007년 8월 30일
• 지 은 이	한만봉
• 펴 낸 이	채종준
• 펴 낸 곳	한국학술정보㈜
	경기도 파주시 교하읍 문발리 526-2
	파주출판문화정보산업단지
	전화 031) 908-3181(대표) · 팩스 031) 908-3189
	홈페이지 http://www.kstudy.com
	e-mail(출판사업부) publish@kstudy.com
• 등 록	제일산—115호(2000. 6. 19)
• 가 격	25,000원

ISBN 978-89-534-7033-0 93350 (Paper Book)
      978-89-534-7034-7 98350 (e-Book)